機智的靈性生活，成為想要的自己

靈媒媽媽的心靈解答書 7

Ruowen Huang
訣

Part 2 靈性能量小工具與使用說明書

Part 3 身心靈圖書館

前言

在寫這本書的時候，我發現其中有許多的問與答，是我絞盡腦汁也想不出來的，所以當我回答這些問題時不禁開始懷疑：真的有人想要知道這些事嗎？雖然我在整理本書內容的時候總是滿頭的黑人問號，但同時也對於能夠回答各位問題的自己，升起一股成長的感覺：我不也是因為曾經這麼好奇過，這會兒才有辦法回答各位的問題嗎？XD

這書裡頭的內容是幾年前的直播，在重新整理成文字的過程中，我很感謝自己這些年的成長與進步，讓我可以重新審視各位的問題，然後好好地整理這些年來的思緒，以更完整以及全面的方式，為各位、也為自己解答。

很多人都知道我的所有直播都是為我的子女做的。打從第一集直播開始，我就常常在想，萬一有一天我不在了，有誰可以跟他們分享曾經發生了什麼事？有誰可以回答他們天馬行空的問題？又或者是有一天，他們的人生遇到走不出來的問題時，他們可以到哪裡尋求答案？這些年來，我的腦海總不自覺地浮現孩子這一生中可能遇到的各種問題，也讓我藉此審視並維持自己開頻道直播的初心，並且毫不保留地與各位分享生活中的喜怒哀樂。老公總是笑我一點也不在乎究竟有多少追蹤數，但正因為這樣的初衷讓我更清楚地了解，就算全世界的人都追蹤我，也比不上我家兩個小孩想媽媽的時候，知道到哪裡找到我。這也是為什麼在這麼多年的直播裡，有許多網友好心的給我讓直播更完善的各種建議，例如：畫個妝、打個燈、影片要剪輯、記得放字幕、講中文不要穿插英文、說話不要一直笑等等……我幾乎都充耳不聞，繼續任性地分享著生活小事以及喜怒哀樂。因為在小孩的心裡，我一直都是那個帶著嚴肅表情講笑話，用玩笑口吻討論嚴肅話題的媽媽。

我的小孩只會英文，所以用英文做直播是必然的，之所以會轉換成中文，一開始只是為了節省網友為我翻譯的時間，但在女兒交了一個會說中文的男友之後，不禁讓我開始懷疑直播也是做給他看的XD。我中文說得不好偶爾會參雜英文也是必然的，畢竟我在國外待了快三十年，有些字還真的只知道英文怎麼講，而不知道中文是什麼；我不化妝是因為小孩子從出生以來就鮮少看過媽媽化妝；不剪輯是因為這是我最自然的說話方式；常常笑是因為我平常就是這個模樣，更重要的是……等到有一天他們真的想我了，想要在網路上找我的時候，我希望我的笑容可以讓他們無論在人生中經歷了什麼事，都能感覺到接下來一切都會沒事的……我的笑容或許沒有辦法解決他們當下的問題，卻可以讓他們感覺到一絲絲熟悉的暖意。

我帶著這樣的初衷做直播分享好多年了，現在回首，發現自己莫名奇妙地多了好多孩子。有男的、有女的、有待在媽媽肚子裡就一直聽我喊 Hi guys 的，也有年紀跟我媽差不多的……在不知不覺之中，他們全都成了我的小孩。他們熱情地叫我「版～主～」時，跟我叫我媽「母～啊～」根本是同樣的語調。我也才發現，原來每個人的心裡都藏著一個想要被父母疼愛的小孩。原來我在鏡頭前的微笑不只是想要暖進自家小孩的心裡，不知不覺之中，也暖進了期待被父母疼愛的觀眾眼裡。

於是，當我面對觀眾們一籮筐有興趣的問題時，我發現自己的心態開始改變。彷彿在那一瞬間，所有的人都成了我的小孩。如果不是我家的兒子跟女兒，也有可能是他們的小孩、孫子，又或者是他們生命中遇到各種不一樣的人……我又如何肯定此時此刻我認為他們沒興趣的問題，未來不會成為他們感到好奇的事呢？

我也發現，自己多了一份不知道從哪裡生出來的耐心，讓我想要清清楚楚並盡己所能地回答每一個問題。讓他們的未來無論是否遇到困難，又或者只是單純的好奇，也不管他們是什麼樣的年紀，都可以從我這裡得到所有問題的答案。我要的其實很簡單，我並不期望他們覺得我無所不知，而是希望在他們了解任何問題都有答案與解決辦法的時候，可以清楚地知道：力量其實都掌握在自己的手中。當他們覺得自己受困於走不出的世界時，可以了解這個世界的廣大是遠超過他們可以想像的。

我也想幫助各位成為你們想要成為的自己，就如同幫助我的小孩。因為在這些日子以來，你們早已變相地成為了我的小孩的各種面向。所以當你們看看書裡那些彷彿跟自己無關的問題時，無論它是否可以解決你此刻的困境，又或者是對你有無任何實質的幫助，我都希望可以藉由這些分享讓你感受到這個世界的遼闊。

此時此刻走不出的困境，並不表示一輩子都不會找到答案。有時候就是需要暫時放下手邊的事，就這麼走馬看花也好，聽些看似無關緊要的內容也罷，或是看我天馬行空地回答各種五花八門的問題，你們或許就能夠慢慢從中找到專屬的靈感，進而創造出你的靈魂最想要成為的自己喔。

Part 1

如何成為「你」？

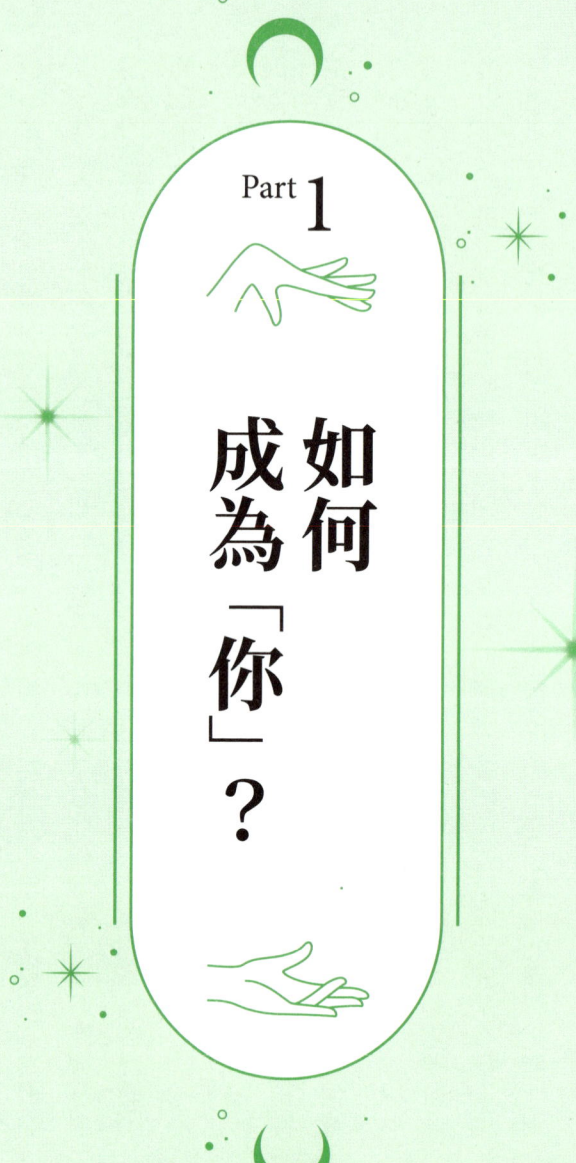

如何永遠保持正向的態度

——對應頻道301集

這篇文章要跟各位討論的是「一個人要如何永遠保持正向」。

我曾說過，宇宙底下的萬物都是一種振動，如果各位知道這個前提，那麼我相信各位也就知道這個問題的答案是「不可能」。光是你們眼中所看到的直線，其實也是透過密集的上下曲線製造出來的。也就是說，任何你以為維持不變的狀態，大多是刻意被營造出來的結果。

有網友想要知道：保持正向的振動跟增強自身能場有什麼直接的關係？

既然保持正向是不可能存在的行為，那麼它跟增強自身的能場就沒有直接的關係。「保持正向」是任何人都可以刻意營造出來的假象，但是能場強大的人即使沒有刻意維持特定狀態，也很可能讓人感覺他是個正向的存在。

基於萬物都是一種振動，所以沒有任何事物可以維持一成不變的狀態，而情緒更是如此。每個人的個性、觀念、想法以及生活態度等等，都很容易受到情緒的支配，更不可能長期維持在同一種狀態之中。

很多人常常認為自己的人生完全不需要任何負面的人事物，但真的是這樣子嗎？一個從來沒有經歷過黑夜的人，會分得清楚白天與黑夜的差別嗎？一個從來沒有體驗過悲傷的人，可以真實地感受到什麼叫快樂嗎？一個從來沒有經歷過失敗的人，會享受成功帶給他的成就感嗎？在人們一味地排斥負面的情況下，是否曾經想過人生中的許多正面其實都是藉由負面的存在去驅動的呢？

但這並非表示讓自己成為正向的人是完全不可能的事，因為所謂正不正向完全取決於「比例」的分配。一個樂觀遠大過於悲觀的人，他就會帶給人一種永遠正向的感覺。反之，一個難過多於快樂的人，自然也會帶給人「他很負面」的感覺。雖然沒有辦法維持在同一種狀態，但可以依照比例的分配製造出你希望得到的結果。

雖然我總是帶給人很正向的感覺，但我也清楚知道自己有非常黑暗與暴力的一面。每當這種能量在體內蠢蠢欲動一觸即發時，我就會開始思考如何有效地運用這股能量。我可能會拿它來跳舞，也可能拿它去打拳，或者有可能只是單純地發洩，把內心不滿的情緒全部發洩掉。重點是，我會思考如何有效地運用這股能量，而不是一味地說服自己保持正向的思維與態度。

一個人如果可以更坦然地體驗自己的高低起伏，而不是強制地反抗或是壓抑當下的感受，那麼他的振動會比較容易趨向平衡。也就是說，當人們越是了解自己，越是清楚地知道如何幫助自己真實地體驗情緒，就會發現負面的情緒反而遠比強制壓抑更容易消散。

東西方的社會都常教育我們要以大局為重，應以外在環境為優先考量，不要輕易任由自己的情緒為他人製造不好的體驗。但是這樣的思維模式卻也容易養成大家習慣性地批判自己，並忽略自己的重要性。我相信各位很常在我的文章裡看到這樣的話：「在人生的道路上，學習了解自己是誰，以及想要成為什麼，是非常重要的基礎。」既然每個人的宇宙都是繞著自己轉出來的，那麼是否更應該了解自己的核心究竟是什麼，才有辦法轉出你想要的那個宇宙？而不是一直讓自己活在贖罪論裡，覺得自己之所以投胎是因為沒有辦法突破六道輪迴，因此需要接受因果報應的懲罰。

現在讓我們換一個方式來解釋問題：應該怎麼做才可以讓自己保持在正向比例較多的狀態？

首先，人們面對負面情緒的時候，總會想要第一時間完全排除那樣的感覺。但是如果各位了解任何能量越是排擠越容易造成反彈，就應該清楚地知道，當你面對負面情緒時，與其一味地排解它，更應該學習擁抱它。也就是說，與其一味地說：「滾！永遠不要出現在我的生命中！」你更應該說的是：「你怎麼了？我可以為你做些什麼？又是否可以給你一個擁抱呢？」

任何情緒都是由內在小孩所啟動。當下如果你體驗到強烈的負面情緒，往往是因為內在小孩內心有某道傷口被觸碰到了。這個時候比起你一味地排擠它，它其實更需要你的擁抱。這也是為什麼人們常常使用「擁抱自己的黑暗面」來解釋這樣的行為。

很多急著想要維持正向，卻覺得自己很容易受到負面情緒反噬的人，大多源自於他們不懂得接受自己的負面，反而排擠或壓抑那種感覺的緣故。而過度壓抑，更容易引發爆炸。

如果無法用溫柔的態度照料自己的內在小孩，就把它當成情人哄吧！重點在於，只要您與自己的內在小孩的對話次數越多，你的情緒也將更容易趨向平緩的振動。一旦你清楚地知道自己在什麼情緒底下可以做什麼事，也就更能夠輕易地掌控任何情緒在體內滯留或消逝的時間，進而有能力掌控自己所有情緒的比例。

很多人沉浸在哀傷時，會以為自己正在體驗的沉重感是一種永無止境的折磨。或許是因為哀傷本身是屬於平淡又緩慢的振動，所以在時間的感受上會有種漫無止境的錯覺。但是「宇宙底下的萬物都是一種振動」有個好處，那就是沒有任何狀況會長期維持在一個狀態。既然有高就有低，自然表示有低也會有高。如果喜悅與正向都有它的維持期限與規律，那麼哀傷與負面也是。

一旦你了解這個道理，那麼每當自己在悲傷又負面的情境底下，便可以為這段時期設立一個有效期限。你可以先跟自己的內在小孩討論出一個期限，然後把這個「哀傷終結日」標示在日曆上。接下來，在這段期限裡面允許自己擺爛、哀傷，又或者是負能量爆棚。也趁這個機會，試著了解任何負面能量是否都有它專屬的表達方式。

在體驗哀傷、憤怒、沮喪等等情緒時，你要如何表達才能夠最真實地呈現此時此刻所體驗的感受？如上所說，如果各位能夠以直接坦白的方法表達出內在所體驗的情緒，那麼這樣的情緒滯留在你體內的時間自然會縮短，你就不會老是覺得自己一直深陷在負面的情緒裡無法自拔。

但請記得，對自己設立的有效期限，請給予尊重。一旦所設立的有效期限到了，你也必須協助自己做一些可以讓自己快樂，或者是可以轉換心情的事。

我知道有許多人在接觸過靈性書籍，或是心靈層面的知識時，會很努力地想要讓自己保持在正向的狀態，但允許我再次聲明，這樣的狀態在宇宙底下是不合理的。如果有人給你這樣的感覺，那並不是他一直維持在正向的狀態，只不過是你沒有看過他的悲傷。

如果想要讓自己感受正面的情緒多於負面的情緒，就請允許自己真實地感受、體驗和表達所有的情緒。唯有如此，你在情緒上的振動才會慢慢地趨向平緩，你也比較有能力可以決定自己在任何一種狀態底下要維持多久的時間。希望這樣的解釋能回答各位的問題，也給大家做個參考。

如何開發個人價值

——對應頻道302集

相信很多人在我的文章裡看過「個人價值」這個名詞，也很好奇究竟什麼是「個人價值」？自己是否具有？又要如何尋找、開發或創造？

在我的觀念裡，個人價值是每個人都擁有的獨特本質。只不過，受到社會環境、文化教育與家庭背景的影響，我們從來沒有被教育過它的實質意義是什麼，才會對它產生誤解與期待，以為個人價值是需要特別尋找與開發，或是只有少數人才能擁有的特權。

此外，另一個讓人們嚴重懷疑自己是否有個人價值的主要因素，在於長期的工業時代所養成的一貫標準，讓人們只著重於指出每個人的不足，以及需要改進的地方，以達到社會要求的標準。然而，這種充斥批評指教的生活環境並不會讓人們重視自己的價值，反而讓人養成懷疑自己的習慣。他們只會注意自己哪裡不夠好，還有什麼地方需要改進，反倒很難相信自己有任何值得讓人欣賞的特質。因為當一個人長期生活在充滿負面批判的環境裡，他自然不懂如何變得正向樂觀，只學會懷疑與批判自己。

所以，究竟什麼是「個人價值」呢？很多人認為，所謂個人價值就像是被埋藏在靈魂深處的寶藏，需要透過尋寶與挖掘的方式激發出來。但我對於「個人價值」卻有不一樣的詮釋。對我來說，它就像是一種「a way of being」（暫且解釋為存在感或本質）。它往往是一種專屬於每個獨立個體靈魂的特質。它可以是一種想法、觀念、個性、優點或是行為模式。它往往是對自己感到滿意、喜歡或者驕傲的特質。它不是一種信念，更像是一種生活態度。因為它可以是想法、觀念、行為、喜好、信仰、擅長的事，或是不擅長卻喜歡做的事……它可以是單一的特質，也可以是所有特質融合出來的獨有特性。重點是，這些特質不是別人加諸在你身上，而是你打從心底欣賞自己擁有的。總之，所謂「個人價值」建立在一個很重要的基礎上，那就是它們全都是**你喜歡的特質**。

舉例來說，誠實可以是一個人的價值，但對一個覺得偶爾撒個小謊無所謂的人來說，誠實自然不會成為他的個人價值。唱歌跳舞可以是一個人的價值，但對一個討厭唱歌跳舞的人來說，這自然不會成為他的個人價值。由於個人價值的涵蓋範圍很廣，因此各種不一樣的特性融合出來的價值，自然會有所不同，並能創造出獨一無二的專屬性。

這些價值的融合會成就你的自信與自我肯定，也可以加深你相信自己能夠繼續朝著人生方向前進的信心。當一個人很滿意自己身上的種種特質時，他自然不會在意他人對這些特質的喜好與否，也比較不容易受到外在環境的影響而動搖。因為他們會清楚知道，別人的意見並不代表他們的真實，也不能決定他們的人生應該如何發展。

許多人認為「個人價值」是一種不可更動的存在，但它其實更像股票，可以隨著你的成長而增值，也可以不斷被開發。好比一個完全不知道設計與打樣的人，可以把自己培訓成世界知名的服裝設計師；又或者音痴可以透過日以繼夜的練習，讓自己成為家喻戶曉的音樂家……這些價值往往是靈魂在死亡之後帶走的。無論這些價值是什麼，它們就像你很久以前學會、卻久未觸碰的腳踏車一樣，不管年代再怎麼久遠，也不管你再次騎腳踏車的時候，動作有多麼生澀，往往只要透過一兩次的練習，肌肉記憶就能立刻讓你上手。

有人想知道，很漂亮、心地很善良是否也可以成為個人價值？當然可以。我說過，只要是你喜歡自己擁有的，無論它以什麼方式呈現，全都可以被歸類為你的個人價值。因為一個懂得欣賞自己美貌的人，即使下輩子投胎長得其貌不揚，也會對自己的外貌產生無法解釋的自信。

除此之外，許多內在價值更值得各位注意。像是誠實、善良、懂得尊重、慈悲、開朗、自在、懂得愛自己等等，全都可以被歸類成內在的個人價值。因為這些內在特質往往需要透過靈魂經歷一輩子（或者是數輩子的輪迴）考驗之後，才有辦法完全領悟。這些特質同樣可以透過練習再練習而增值，讓你對這些特質有更全面的了解與感受。懂得尊重的人可以讓自己在舉手投足、表達方式，或是說話藝術上更加修飾。充滿創意的人可以學習用不一樣的媒介或呈現方式來傳遞自己的創意。一位漂亮的女生也可以透過加強自己的內在美，讓自己的美更有層次的展現。

所以，如果你清楚了解所謂個人價值，是你喜歡自己擁有，並且可以不斷增值的特質，那麼你自然知道，協助自己成為一直想要成為的模樣，便是開發個人價值的行為。

講了這麼多，如果還是不知道該如何釐清個人價值，建議拿一張白紙，好好思考**「我是誰？我是怎樣的一個人？我身上有什麼樣的特質、特性，是我很滿意又很喜歡的？」**如果你今天想要把自己推銷給一個陌生人，你又會如何介紹自己？

好好思考過後，你可以開始寫下所有想得到的，喜歡或是欣賞自己擁有的特質。無論是有形的還是無形的，全都寫在紙上。等到它們全都清楚地呈現在你面前，再一一審核這些是否是你真心喜歡的特質。如果是，你又可以做什麼來讓它們變得更好、更棒？如果你對自己寫下來的特質不滿意，可以換個角度思考：什麼樣的特質，是你希望自己可以擁有的呢？為了達到那個目標，現在的你又可以做出什麼樣的努力呢？因為任何你投資在自身的努力與增值，都可以轉換成靈魂帶走的技能或資產。如果以這個角度思考，你是否想過要進化成什麼樣子的人呢？

如果真的想不出來，也可以問問身旁的好友們，看看他們都喜歡你身上什麼樣的特質？等到他們一一分享之後，你再仔細審核一下，這些是否也是你喜歡自己的特質呢？

注意，我在本篇文章裡不斷重複「特質」這個字。它所代表的是你自身擁有，而不是外在加諸在你身上的任何物質、金錢、名譽，或是感情和另一半。也就是說，這裡所描述的每樣特質都是即便你身無分文、一無所有，也實實在在擁有的。舉例來說，如果你很會編輯相片，讓自己在社交媒體上的照片看起來很漂亮，「社交媒體上的我看起來都很漂亮」不會是你的個人價值，因為一旦移除社交媒體，這個價值就不存在。但是「我很有美感」、「我學習編輯的能力很好」卻可以是你的個人價值，因為若是給你別人的照片，或是使用其他工具，你也一定有辦法把它修成很漂亮的照片。同樣的，「我有很棒的男朋友」不會是你的個人價值，但「跟我在一起的男人都會變得很棒」卻可以是。

不知道這樣是否幫助各位更了解所謂的個人價值？XD

總之，我希望透過這篇文章把抽象的「個人價值」轉換成大家可以理解的觀念。即便不知道自己的個人價值究竟是什麼，也可以設立一個目標，想像自己未來究竟想要成為什麼樣子的人。人們的未來一旦有個明確的目標，就更容易督促自己往那個方向前進。因為個人價值是可以從無生有、被開發以及創造出來的喔！

你是你的飲食所創造出來的成品

——對應頻道304集

英文有句話叫做「you are what you eat」，或許可以解釋為「你的身體是由你的飲食創造出來的」。

之所以提起這句話，源自於一位網友的問題：「我們吃的、看的、接觸的東西，會在無形中影響我們。」

這位網友有一陣子的工作壓力很大，只要感到累，就會想要吃很多肉類或是油炸食物來彌補內心的匱乏感。他明明理解這樣的行為是不健康的，但還是無法克制自己。所以他想要知道各位遇到這樣的情況時會怎麼辦？是順應當下的心情滿足不健康的口腹之慾？還是該選擇用冥想和健康的食物來消耗當下不好的情緒？

在回答這位網友的問題之前，我想分享一個小故事。每當我家小孩開始翻箱倒櫃地找零食吃，我就清楚地知道他們正經歷著情緒不穩定的階段。如果他們找的是肉製品、鹹的或是油炸品，我就知道他們此刻的情緒大多是沮喪或是憤怒；當他們尋找的食物都是碳水化合物，又或者清一色是甜食時，那麼他們所經歷的情緒大多是沉重與哀傷。每次依照他們翻箱倒櫃找出來的食物，我會跟著詢問：「你最近遇到什麼讓你難過／生氣的事情嗎？」想當然爾，小孩子的回答總是：「沒有。我只是嘴饞想吃東西。」但真的只是單純地想吃東西嗎？我們的身體是靈魂的工具，身體上的種種反應，大多是為了反映出靈魂所體驗到的感受。

基於宇宙底下的萬物都是一種振動的原理，任何有形與無形的物質都可以被分解成振動。所以情緒是一種振動，食物也是一種振動。在同頻共振的狀況下，人們在感受到什麼情緒的時候，自然也會被類似的振動所吸引。

當一個人體驗沮喪與憤怒時，他本身的振動會從原本的穩定狀態加速，幅度也會拉長，在這樣的狀態下，人們自然而然會想要找相同頻率的食物來應和體內所感受到的情緒。此時，任何肉類、鹽分較高，又或是油炸的食物，都符合這樣子的頻率。

相對地，當一個人沉浸在哀傷時，他的振動會從原本的穩定狀況減緩，幅度也會縮短。因為這種情緒會引發匱乏感，人們會反射性地想要找較為輕快的振動來彌補，以致於人們在難過哀傷時，會習慣性地尋找甜食或碳水化合物來取代這樣子的感覺。

有很多女生在生理期或生病的時候也會想吃甜食。是因為當人們在生病、身體不舒服的時候，他們的振動頻率會變得比較遲緩。從另一個角度來看，這跟人們哀傷時的感覺是一樣的。

如果各位理解上述的道理，就可以清楚地知道：當一個人想吃鹹的，也想吃甜的時候，一般來說是因為哀傷與憤怒的情緒共存，又或者是情緒起伏比較大的人就會有這樣子的飲食習慣。

所以，各位如果發現自己有像上述一樣無法控制的飲食習慣時，與其一味地相信這是自己無法控制的事，不如反向思考自己想透過食物得到什麼樣的安慰。

你可以學著正視自己的身體，因為這是會陪伴你一生的軀殼。如何照顧好它，將取決於你的決定——今天要用什麼食物餵養，又或者是以什麼心態對待，它自然會對你產生同樣的回饋。

我曾經在網路上看過一則影片，主要講述人們的骨幹不會因為體重增減而改變，無論是五十公斤或五百公斤，都是由同樣的骨頭支架來支撐。我的文章很常提到身體是靈魂的工具，它反應的是靈魂現有、又或者是長期以來承受的狀態。你可以想想，如果你的身體平常就已經承受負荷範圍以外的重量，是不是表示你的靈魂也正承受著超出負荷的重量呢？學會對自己的身體產生覺知，可以幫助你用另一個角度審視任何入口的食物，因為你的身體正是你的飲食所創造出來的成果。

現在讓我們回答開頭網友的問題。人的一生中難免會遇到壓力過大的時候，在這樣的情況下，如果意識到自己的飲食遠超出平常的範圍，何不試著花點時間關心一下靈魂此時此刻正在體驗的感覺與情緒，而不是一味地否定，或是抑制自己無法克制的行為。不知道各位是否注意到，愈是想要正向的時候，就愈是無法保持正向。愈是告訴自己不要去做去想的事情，就愈無法克制地往那個方向思考。

如果真的無法控制，就先滿足自己的口腹之慾。當內在情緒得到一點安撫之後，可以試著開導內在小孩，讓他不要習慣性把食物拿來當作情緒的發洩管道。也可以試著以大人的角色安撫內在小孩的情緒，無論是擁抱，又或者是給予口頭上的安慰，讓他感受到你會盡己所能地照顧好他。等到他的情緒較穩定，再回頭仔細審核自己正體驗的情緒是什麼，以及這些情緒是如何產生的？而現實生活中的你又可以如何減少、避免以及防止未來相同的事情再度發生。

記得，你或許可以放任自己的內在小孩恣意妄為，但最後的結果仍舊必須由你自己承受。所以與其把食物當作問題，其實真正的問題在於內在那個從來沒有被正視、處理的感受。它可能是感覺自己不受到重視、不夠好、被別人拋棄、沒有人愛等等……這些情緒才是你之所以一直把垃圾食物往嘴巴塞的主要原因。一旦這些核心的匱乏之感被照顧到，自然就不需要藉由外來食物彌補內在的空缺。

記得，你只有一個身體，它是為了協助靈魂進化的工具，也是透過你投注的飲食與信念餵養而成。當你開始懂得尊重身體，它自然也會回應你相同的尊重喔！

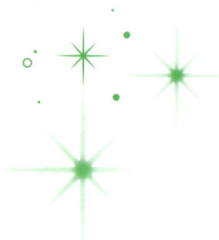

努力的工作並不能保證你完美的生活

——對應頻道305集

我知道「認真努力的工作並不能承諾你完美的生活」這句話聽起來有一點負面，但我希望能夠藉此文章提供各位一個不一樣的思考角度。

在過去的諮詢中，很常有人反應：「我明明很認真過日子，為什麼生活還是一塌糊塗？」「我明明很認真工作，為什麼還是沒有辦法賺大錢？」「我明明很努力地嘗試改變，為什麼怎樣都無法擺脫憂鬱症？」也曾聽到工人們抱怨：「我每天都很辛苦工作，有時候一天要兼好幾份差，但還是存不了錢，而且還生了重病，到最後妻子也離開我……」

一直以來，我不斷地強調愛自己的重要。不過，愛自己並不是靈魂之所以輪迴投胎的終點，這不過是個起點。愛自己的人會清楚地知道自己的定位在哪裡，並不斷地探索靈魂的本質。而不愛自己的人，則會一味地想要滿足他人對自己的期待，努力想要討好他人以得到認同，也很容易因為他人的意見而改變自己的決定。這也是為什麼愛自己很重要，它可以幫助你了解自己。一旦知道自己是誰，要什麼以及想要成為什麼，才有辦法督促自己朝著那個方向前進。

所以在人們想要顯化任何實相以前，都必須以自己為中心點出發，才能決定未來的日子會得到什麼樣的回應。

很多人說：「我並不知道該怎麼愛自己。」如果這句話真的很難懂，那麼你們可以換個句子思考：「我要如何尊重自己？」一個懂得尊重自己的人，會為自己的言行舉止負責，因為他清楚知道自己呈現在外人面前的一舉一動，都代表著未來他想要成為的那個自己。一個誠實的人不會在意別人是不是說謊，只會在意自己的言行舉止是否符合誠實。就如同一個懂得尊重的人，不會因為對方的態度而給自己不尊重他人的藉口。一個尊重自己的人，不會允許他人言語或行為上的霸凌，也不會長期在內在攻擊與批判自己，他會懂得把自己照顧好，無論是身體上或是心理上，因為他想要成就的是自己想要達到的境界，而不是他人期望他成為的模樣。

現在讓我們回到重點，什麼叫做認真過日子？此刻過的日子是你想要的日子嗎？你的努力可以幫助你成為更好的存在嗎？你一直努力想要達到的目標，真的是你想要的嗎？還是別人加諸你身上的期待？你是否好好地把自己照顧好？還是總是讓自己陷在委屈求全的狀態當中？

我曾說：「不要讓自己活在別人的期待底下，這樣子的你創造不出自己想要的生活，只能夠創造出別人想要你過的生活。」我的確希望每個人都可以認真過日子，但我更希望你們可以把生命中的每一分每一刻都認真活出你想要成為的樣子。或許理想中的你多才多藝，而此時此刻的你卻毫無一技之長，但那都是可以學習的啊！你是否曾經想過，把你的認真投注在想要成為的人事物之上？如果理想中的你是喜歡唱歌的，那麼此時此刻的你為什麼會將所有時間投注在工作上，而不撥出五分鐘的時間唱歌呢？如果理想中的你熱愛生命，此時此刻的你又為什麼會將所有精力浪費在抱怨上？每當你抱怨「我真的很認真」的時候，是否可以花幾分鐘的時間思考，你的認真是**為了別人？**還是**為了自己？**

我看過很多人所謂的認真，常常是一次兼差三份工作，家也不回，覺也不睡，有時候連飯都忘了吃。這樣的行為真的是認真生活嗎？一個連自己都不懂得照顧好的人，真的有辦法創造出想要的生活嗎？一個允許他人踐踏自己，又總是批判自己的人，真的可以顯化出有力量的未來嗎？

此外，很多人認為所謂照顧好，就是讓自己一直保持正向的狀態。但那並不是我所要表達的意思。既然宇宙底下的萬物都是振動的話，那麼萬物就是有高有低的浮動頻率。人既然會快樂，自然也會有悲傷，有喜悅自然也會有憤怒。真正的照顧好自己是懂得擁抱所有面向，無論是好的或是壞的。高興時懂得開懷大笑，難過時允許自己悲傷流淚……這全是照顧自己的方法。而不是在難過時還強顏歡笑。當自己低潮時，也不斷地強迫自己不要難過。或許在那個當下，你真正該做的是對自己的內在小孩說：「請問我可以為你做些什麼呢？」或者是「讓我們好好地痛哭一場吧！」

為什麼本文標題要使用「認真的工作並不能承諾你完美的生活」如此負面的句子？因為我希望各位能藉由這樣的句子思考：自己的「認真」究竟投注在什麼地方？只要記得一點，你的生活都是由核心價值延伸。如果這個核心從來沒有被照顧好，自然沒有辦法創造出想要的生活。我希望你們可以把「認真」投資在自己身上，協助你的靈魂成為祂想要成為的模樣，而不是滿足他人對你的期待。好好地照顧自己，學會擁抱自己的所有面向，甚至是督促自己跳脫原有的舒適圈，面對可以讓你成長得更好的挑戰。好好思考今天的我是否活出自己最想要的樣子？這才是你應該認真思考以及努力的方向。我相信各位如果可以用這種心態認真面對每一天，一年半載之後，絕對會更加靠近你們想要的人生。

為自己的人生負責

對應頻道306集

不知道各位在成長過程中是否曾有人對你說：「只要照著我的話做，你就會比較快樂。」或更進階一點地說：「只要你照著我的話做，你的日子就一定會比較快樂／成功……」，將他對你的期望轉換成「為你好」的良心建議。

通常這類的話大多來自於你的父母，也很有可能來自於朋友、另一半，甚至是完全不熟悉的陌生人。

之所以有這個話題產生，是因為有天跟一對朋友夫婦吃飯時，朋友的老公抱怨：「只要我的老婆可以照著我的話做，我們的日子就會輕鬆許多。」

此時，朋友不認同地說：「為什麼我要為你的快樂負責？」

朋友的老公理所當然地回答：「如果妳愛我，不是應該為我付出，並且無條件支持我嗎？」

朋友因為這句話而惱火：「那你呢？難道你就不愛我嗎？難道在你的觀念裡愛是單向的嗎？我愛你就必須為你付出，而你卻不需要為我做任何事？明明知道那些是我不喜歡做的事，又為什麼總是強迫我配合你？」可想而知，這麼一來一往的對話，差點讓夫婦倆吵了起來。

當然，這樣的對話不光是發生在朋友身上，我相信也經常出現在許多情侶的對話當中。我記得有一次老公希望我幫他搶演唱會的門票。他當時覺得家裡的網路比較穩定，搶到票的機率比較高。但那個時候我由於非常飢餓，決定帶著筆電跟手機到餐廳邊吃飯邊搶票。由於是非常熱門的演唱會，所以在開賣後不到幾分鐘就完售。面對沒有順利搶到票的情況，老公劈頭就是抱怨：「如果妳聽我的話在家裡訂票，我們就一定搶得到。」他為了這件事不斷跟我鬧小孩子脾氣，使我也跟著暴走。真正的引爆點，便是老公不斷地重複著：「只要妳聽我的話做……」

我常說「每一個人都應該為自己負責」。所謂為自己負責不光是為自己的言行舉止與思考負責，更是為自己選擇的人生平台以及功課負責。你選擇了自己的父母，鋪陳了自己的功課，又或是選擇以此時此刻的模樣，在現有的環境投胎……這全都是你可以為自己負責的事。你負責的不只是生命中發生的好事，也包括不好的事。唯有人們學會為自己負責，才可以擁有掌控自己生命的力量，進而創造出一直想要的人生。試想，一個無能為力，甚至無法掌控情緒的人，要如何創造出他想要的人生呢？

我曾說過，在這世界上，沒有任何人可以讓你快樂，只有你有那樣子的權利。即便你深信自己的情緒波動都是由別人的行為所造成，但那也是因為你賦予對方影響你情緒的權力。我常聽人抱怨：「如果我的老闆這麼做，我就會很高興。」又或是「如果我的另一半這樣做，我就會更快樂。」「如果我的家人不賭博、酗酒，我的人生就會舒坦許多」……但是，不管身處什麼樣的環境，你永遠都有選擇。如果一直無法跟對方達成共識，那麼離開也是一種選擇。

當然，有很多人不相信自己永遠都能選擇，因為對方很可能是自己的另一半、小孩、父母、支付薪水的老闆，又甚至是國家領導人……在他們的觀念裡，他們覺得自己的身分無法改變，更由於某種因素無法離開現在的位置。但我曾說過，我們經歷了無數的輪迴，透過權力鬥爭與角色替換來學習彼此尊重，以幫助自己的靈魂進化。這也是為什麼我們會選擇我們的父母，安排生命中遇到的種種人事物，以及鋪陳人生的藍圖，是一樣的道理。

我們從強權壓榨的工業時代裡學會服從，如今邁入覺知的世代，我們所要學習的是從這種絕對服從的無能為力感中，慢慢找回自己的力量。人們會開始對自己的言行舉止產生覺知，也會開始重視生命中的平衡，更會開始塑造出屬於自己的判斷能力，慢慢地拿回人生的主導權，進而協助自己創造想要的未來。

這也是為什麼你的力量不該受到角色、身分以及地位限制，更不會被他人的喜好左右。之前的文章提過，我們的情緒是用來協助靈魂維持在正確的軌道的度量衡。試想，如果我們把度量衡定義在別人的標準之上，又如何透過這個標準找到真正的自己？

如開頭的對話提到，「只要你照著我的話做，你的日子就一定更快樂……」這樣的句子是權力鬥爭的產物，使用的是工業時代的標準。希望對方照著自己的話做，以達到我們為他們設立好的未來……但是，如此自以為是的標準真的適用在別人身上嗎？在要求的過程中，我們是否真正地思考對方想要的美好未來究竟是什麼，而不是單純地期望對方絕對服從？

受到工業時代的邏輯思維影響，人們普遍相信自己一定要找到生命中的真命天子（女）、理想的工作、豐厚的薪水、至高無上的身分地位與權力……那麼人生自然而然地就會得到快樂。但是這些身外之物真的可以帶給你快樂嗎？此外，在我們一味地追逐這個受到外在環境影響所產生的理想世界以前，不是更應該把自己的度量衡調整到最適合的狀態，才更有辦法協助我們找到自己真正想要的嗎？

這個人生既然是你的靈魂所鋪陳與安排，自然沒有任何人有權限可以掌控你的情緒。你可以透過生命中發生的人事物來感受喜怒哀樂，但這些情緒的主導權不應該在他人手上。遇到任何不順心的人事物時，你可以清楚地表明自己的底線，試圖與對方達成共識，避免同樣的事情再度發生。如果雙方一直無法達成共識，你也可以選擇離開那個不適合的環境。

所以當你抓到自己不小心說出類似的話，希望對方可以為你做些什麼，進而能影響你的情緒時，可以仔細想想，此時此刻的你是否正對對方有所期待？你真正想要的其實是對方的絕對服從，而不是和他一起協調達成共識？你正在做的是不是把掌控自己人生的權力交付在他人手中？

在開頭的例子裡，我與朋友的老公都說出了同樣的話：「如果你愛我，不是應該要為我付出嗎？」沒錯，當我們愛一個人的時候，會不自覺地想要多付出來取悅對方，但這樣的行為不應該被當成理所當然。因為沒有人會想要永遠付出，卻得不到任何回饋。也沒有人會想要二十四小時工作，卻從來沒有休息的時候。如果在付出的過程裡得不到任何尊重，那麼自然也會有心力交瘁的時候。

所以讓我們回到重點，在這個章節裡，我們要討論的是「為自己的人生負責」。你的人生應該掌控在自己手中，對任何人也應該給予相同的尊重。如果真的想要創造出屬於自己的生活，就更應該掌握生命的主導權。既然情緒是用來協助靈魂進化的度量衡，就更應該對自己的情緒有更深一層的覺知，而不是輕易地把主導情緒的掌控權交付他人。沒有人可以讓你的日子不好過，而是你允許他們讓你的日子不好過。

學會為自己的人生負責，不光是好的事情，也包括所有發生在自己身上不好的事情。當人們真正開始意識到生命中，無論是好的或不好的事情，全都是由自己掌控的時候，自然會知道，在未來，好事和壞事都可以由自己創造。我們可以帶著覺知的態度，找回生命的力量，透過每天一點一滴的累積，開始慢慢地創造出想要的生活。

靈性成長與進化

對應頻道 312 集

近幾年來，由於人們開始進入覺知的世代，許多五花八門的靈性成長課程紛紛出籠，也很常有人問我要如何開發松果體、天眼、第三眼、打開脈輪、如何冥想靜坐，又或者應該選擇哪一種靈修方法，才可以幫助自己的靈魂進化。甚至有人諮詢應該怎麼做才可以跟我一樣變成靈媒。是說，我花了一輩子的時間想知道怎麼做才能變成麻瓜，好像也還沒有找到答案 XD。

因為諸如此類的問題層出不窮，讓我很好奇人們究竟為什麼急著想開第三眼、打開脈輪，又究竟是為了什麼想要成為靈媒？

也是在這個時候，我發現，大部分的人對於靈修都有錯誤的觀念，他們認為只要多了一項靈性技能，例如看得到、聽得到，又或者脈輪打開了……就可以擴充自己的靈性領域，並因此讓自己的靈魂進化。這讓我回想起小時候，廟裡總是有人一心想求得本靈歸位，好像一旦他們找到了自己的本靈，就間接地可以成神，這個意思是差不多的。

就我來說，雖然我看得到大部分人們渴望得到的訊息，但這些影像卻沒有讓我的人生變得比較順遂，反而變得更加困惑。因為絕大部分的時間裡，我並不知道自己為什麼會接收這些訊息，也不一定能在當下理解這些訊息的意義。

許多人認為開了天眼，看到的絕對都是美好的景象，但在宇宙底下凡事都是一體兩面的前提下，如果看得到神，自然也看得到魔。如果感受得到光明，自然也必須體會黑暗。這是因為單一的視角並不能協助你理解事情的樣貌，往往需要透過兩方的平衡，才可以明瞭真理究竟是什麼。這感覺就像法庭上不能只聽一個人的證詞就決定刑罰，往往需要聽取雙方的辯護與審核所有證據之後，才能決定如何定罪，是一樣的道理。

在我當了一輩子靈媒的記憶裡，絕大多數的時間都是被嚇到的記憶，像是妖魔鬼怪、人們淒慘的前世、上課總是盯著你看的亡靈等等……唯有百分之二十的時間看到稱得上不太嚇人的存在。但就算真的看到大家想看到的天使或精靈又怎樣呢？回過頭來還是得面對自己的問題，他們也沒有辦法改善我的婆媳關係呀！XD

好啦，我們暫時把靈媒感官開通之後會看到什麼東西放一邊，因為靈媒感官跟靈性一點關係都沒有。我們先回來討論「靈性」到底是什麼。「靈性」其實是靈魂的本性，而「靈性的道路」顧名思義就是靈魂尋找自己本性的道路。靈性的提升與進化，指的是靈魂透過領悟所得到的昇華。

試想，所謂「領悟」是如何創造出來的呢？是單純透過別人告訴你答案就可以得到呢？還是必須靠自己辛辛苦苦體驗之後，你才會有感呢？如果光是被告知就可以有所領悟，靈魂導師又為什麼要大費周章地安排這麼峰回路轉又高低起伏的一生呢？你覺得祂們希望你真正理解的究竟是結果？還是過程？這難道不像「透過小抄得到的滿分，又有多少人會記得考卷上的內容到底是什麼」是一樣的意思嗎？

很多人信誓旦旦地跟我說，只要開了天眼就可以知道前因後果。但事實是，如果真心想要知道前因後果，就算不跨越前世也看得到，因為靈魂導師絕對會為你安排有跡可循的一生。只要你願意觀察自己的人生體驗，也一定找得到一切問題的起源與答案。任何這一生的課題絕對可以在這輩子找到答案，完全毋需借助靈媒的能力。

還有人常常抱怨人生很苦又找不到方向，只要多一種感官就會多一道暗示。然而光是這一生的問題就已經讓你感到如此無力了，再疊加上好幾輩子以前的問題，又怎麼可能減少原有的壓力呢？人們向來很難排除比較心，這一輩子已是如此，怎麼可能因為跨好幾輩子而改變呢？如果這一輩子覺得自己過得很苦，又不小心看到自己在上一輩子過得比較快樂，那麼你這一輩子到底還要不要過？應該會因此陷入無盡的胡思亂想吧？有時候過多的資訊不一定是件好事，可能讓人感到更加煩惱、迷惘與錯亂。

大部分人一生所擁有的感官已足夠應付他們這輩子所要面對的功課，但人們總習慣看向自己沒有的。與靈媒相比，他們覺得自己既沒有第六感，也沒有直覺。但其實他們並不是沒有任何感官，而是內在存在太多的恐懼與害怕，導致他們無法真實地感受。然而這些恐懼害怕不正是靈魂導師之所以安排這場人生，期望我們去克服的嗎？如果覺得這些恐懼可以透過高靈暗示克服，為什麼當我建議各位克服自己的恐懼時，大家卻總有一堆藉口而遲遲不敢動作呢？

我沒有朋友是靈媒，多年來我也沒有教他們如何打開松果體，而是教他們克服生命中的恐懼。與其讓他們跨越前世今生或糾結於鬼神的存在，不如直接面對當下的恐懼，例如與婆婆的溝通不良、與同事的相處困難等。這些年下來，我發現他們的靈魂進化程度遠超過花錢上課學通靈能力的人，他們的感官也隨著內心的障礙減少而慢慢地被開發。

對我來說，靈魂進化的定義是讓自己能以較高的視角看待生命中的高低起伏，並學著以平靜的心態面對生活中大小事。當一個人能夠平和地處理生活中的問題，又或是因為生活的事件而得到領悟時，才是真正的靈魂進化。靈魂進化不是在於擁有別人沒有的能力，而是能夠用自己的力量處理當前的問題，又或是幫助周圍的人解決問題。

當各位一味地想要知道如何開發松果體、看到前世今生，我希望大家花點時間思考，你們追求這些能力的真正目的是什麼？是為了幫助自己的靈魂進化？還是為了讓自己與眾不同？真實地了解初衷，才有突破的機會。

我覺得想要快速地得到靈性的提升，就要學會勇敢地面對以及克服生活中的恐懼，靈魂才會變得輕鬆自在，感官也會在沒有壓力的情況下變得敏感。不要再讓恐懼成為無法感受的障礙，找到自己才是你之所以投胎的真正目標。

在說教之前，請先安撫你的內在小孩

對應頻道323集

之所以討論這個話題，是因為曾經發生一件事故，一輛滿載著橄欖球隊員的遊覽車，在前往參加比賽的時候發生車禍，導致整車二十八個人超過半數喪生。這件事使許多人受到非常嚴重的影響。或許是因為我與許多朋友都是運動員的父母，小孩必須常常搭車往返參加比賽，更讓我們有種切身的感受。

因為換位思考的緣故，許多父母聽到這起事故之後都陷入沉重的哀傷，有些甚至影響了正常的生活作息。或許因為這些人的小孩都是橄欖球選手，有人甚至認識那些不幸喪生的球員與其家人，導致他們覺得自己似乎再怎麼努力都走不出這種陰影。有幾位媽媽們甚至反應：「雖然我每天都告訴自己往好的方面想，也知道這是他們的靈魂選擇的平台與功課，但我就是沒有辦法阻止自己不難過。我只要一閉上眼睛就會感到恐懼與恐慌，不斷地懷疑同樣的事情會不會也發生在自己的小孩身上？」這樣的無限循環，使得他們開始有些憂鬱症傾向，並且覺得自己根本沒有辦法提起精神做任何事。

朋友很不解地問我：「為什麼會這樣呢？明明我已經上過許多的靈性課程，也知道一切的安排都有它的道理，更不用說我每天不斷地告訴自己要振作、正向一點，但為什麼仍然沒辦法讓自己從這種憂鬱中走出來？」

我告訴他：「與其急著說服自己回到正常的軌道，更應該做的是學習安撫自己的內在小孩。」

每個人的內在都有個害怕受傷的小孩，這些創傷往往是由過去的經驗所累積。這個內在小孩很可能總是活在沒有人愛、大家都會離開、什麼事都不能做的恐懼當中。這些恐懼不光從這一輩子的經驗累積，很可能也是前世殘留下來的創傷。但一般來說，無論是今生或前世，這些創傷往往有跡可循，而且十分雷同。

單就這一輩子來看，這些創傷往往隱藏在至今讓你感到難過與憤怒的記憶裡。如果各位有興趣，可以參照有關「內在小孩」的文章與影片，本文不再贅述。

總之，這個朋友的內在小孩感受到的創傷是：「我所愛的人一定會離開我。」所以當事件發生時，即便這件事不是發生在他的身上，也引發他深藏在內心的恐懼，於是他的內心就不斷地循環播放著那句「我所愛的人一定會離開我」。他沒有辦法說服自己相信這件事不是真的，因為從過去的經驗來看，這些事都曾經發生過，也很可能會再度發生。

在這種情況下，他應該試著安撫內在那個害怕大家離開的小孩，而不是急著對他說教，又或者是告訴他「一切都是宇宙最好的安排」。想像自己的內在小孩才五歲，他不會想了解宇宙對他有什麼安排，只知道自己現在體驗的是非常哀傷難過的情緒。與其急著講什麼人生大道理，他更想要的或許是可以好好大哭一場的擁抱。

於是朋友很著急地問：「我應該怎麼做？雖然每個人都有內在小孩，但並不是每個人都知道如何與內在小孩對話。當我們深陷這種情境，要如何與內在小孩對話呢？」這個問題，相信也是許多讀者常常遇到的吧？

我告訴他：「你可以閉上眼睛，想像自己正在跟一個五歲的小孩說話。他從小父母雙亡，兄弟姊妹也都不幸離世，只剩下他一個人。今天你若是領養了這樣的小孩，發現他每每從電視上看到任何類似的新聞時，都不自覺地啟動了內心最痛苦的記憶，但是他又強忍著眼淚，不敢在你面前哭，你會如何安慰他？你會跟他說：『你的親人之所以離開，是因為這是他們的人生藍圖』嗎？還是『沒有什麼好難過的，一切都是宇宙最好的安排』？」

我繼續說：「我相信你應該會馬上選擇給他溫暖的擁抱，並承諾自己會一直守在他的身邊吧？你甚至會希望那個小孩可以好好地哭一場，至少這樣他就不會強迫自己吞下眼淚，好讓他積鬱的內心好過一點。就算你有什麼感悟想要與他分享，也是等到小孩的情緒比較穩定，你才會開始試著跟他講人生的大道理，不是嗎？」

之所以分享這個案例，是因為在這麼多年的諮詢中，常有朋友們不知道如何跟自己的內在小孩對話。他們總是試圖使用所有學習到的靈性用詞讓自己釋懷，卻總是得到反效果。不但內在小孩沒有得到安撫，反而有越來越憂鬱的傾向。這個情況其實很像你不斷說服患有憂鬱症的病人多出去走走就會好的意思一樣。人們在情緒低潮或激動的當下，有時候需要的不是道理，只是溫暖的陪伴與擁抱。

如果你覺得難以把內在小孩想像成小孩，就試著想像成你愛的寵物。在言語無法溝通的情況下，你會選擇用什麼方法對待牠呢？

人的情緒得到安撫之後，腦子才有理解的空間與能力。由於你的內在小孩大多來自於你的傷痛，當這些傷痛被啟動，你首先要做的應該是先學著安撫內在的情緒。等到自己的情緒穩定了，再告訴自己人生的大道理。我自己也有內在小孩，每每他情緒激動的時候，鹹酥雞跟珍奶絕對是我的首選。等我察覺自己的情緒比較穩定，再回頭好好地問自己：「你怎麼了？我可以為你做些什麼呢？」任何想要分享的人生大道理，還是等到安撫了自己的情緒之後再來說吧！因為那個時候的「你」，才有辦法把你的話聽進去吧！

如果你不知道接下來的日子該怎麼辦

——對應頻道328集

或許是因為人們總是在走投無路的時候才會想到靈媒，所以在多年的諮詢中，我很常遇到客戶對自己的人生感到迷惘與無助，往往覺得自己一直駐足原地，無法朝著人生的方向前進。

但我發現，人們之所以停滯不前，大部分是因為他們選擇活在過去。人們會習慣用自己過去的經驗推算未來的結果，這導致他們對於還沒有發生的未來感到失望，又或者預期自己一定會失望。這樣的惡性循環使人們對未來越來越沒有信心，也更加容易感到無力與茫然。因為他們的內心總會試圖說服自己「何苦呢？反正又不會成功……」他們雖然急切地想要成功，卻從不相信自己做得到。因為到目前為止，他們沒有嘗過成功的滋味，只知道失敗總是如影隨形。也因為害怕再次失敗，所以會說服自己不要對任何事物有太多的情感與期待，這也使得他們漸漸地對所有事物失去任何感覺。

沒有熱情又害怕失敗，最後自然不知道該往哪個方向前進。也正因為熱情總是被澆熄，使他們覺得自己沒有任何特別喜歡或有興趣的事，「無感」成了他們保護自己的方式。因為在他們心目中，興趣或喜歡的事無法為他們帶來財富，也無法將他們引導向成功的未來。周而復始，人們不可能越活越有目標，只會越活越覺得沒有希望。

我們不斷地重複相同的步驟，卻忘了不能用過去相同的行為模式創造出全然不同的結果。這讓我想起愛因斯坦說過的一段話：We can not solve our problem with the same thinking we used when we created them.（我們無法用創造問題時的相同思維來解決這些問題。）如果人生讓你覺得不知道接下來該怎麼辦，與其沿用舊有的方法，不如試一試我的小建議。這個方法也適用於一般人。

如上所說，大部分的人之所以陷在那樣的情境裡，是因為他們用過去的經驗推算未來的結果。但我說過，人生中的每一刻都是有選擇的，每一刻都可以做決定。讓我們換個角度思考，如果從現在開始，你每一刻所做的選擇都可以決定你未來的結果，這應該就表示，任何結果在你的未來都是可能的。那麼何不從現在開始，就讓每一個選擇的時刻，都做出可以幫助自己達到那個結果的決定。

當然，為了幫助你更有效地達到成果，必須很明確地規劃出未來的目標。我會建議人們用十年推算——

想像十年後的你會在哪裡？是怎樣的人？如果此時此刻的你並不滿意自己的模樣，那麼什麼樣子的人生會讓你迫不及待地想要起床去體驗？如果你的未來可以是任何模樣而不受到過去限制，你是否可以大膽地假設自己十年後的模樣呢？

不要讓過去的經驗說服你永遠遇不到對的人、無法成功，又或者無法幸福……也不要讓過去經驗決定你的未來應該要有什麼樣的結果。你可以拿一張白紙，想像那就是十年後的未來，任何寫在紙上的事都會顯化成你的未來。這個時候，你可以花點時間好好想一想：十年以後的你會有什麼樣的生活態度、言行舉止、生活習慣、興趣喜好，又或是有什麼樣子的歷練等等……只要想得到，都可以寫在紙上。

如果覺得自己缺乏想像力也沒有關係。可以翻閱雜誌，找些啟發你的照片。可以是某位你崇拜，也希望自己成為的偶像。想像自己的談吐可以像他那般自信大方……

我希望各位著重的是「內涵與感覺」，不是任何外在的物質。你可以剪下這些圖片貼在這張白紙上，也可以把人像的頭換成自己的臉。完成之後，把這張紙貼在自己每天看得到的地方，做為每天生活的準則與提醒。

如果白紙上的你希望自己成為談吐優雅的人，可是現實生活中的你卻有人群恐懼症，就試著給自己一點時間克服那樣的人群恐懼，試著想像優雅的談吐應該是什麼模樣。每天投資一點時間在自己身上，協助自己的未來可以成為那樣子的人。

如果白紙上的你周遊列國，可是現實生活中的你卻連一個英文字都不會，或許可以每天督促自己學習幾個單字，相信十年後的你學到的單字也足以讓你周遊列國。

如上所說，未來不是單靠用大腦就可以創造的，需要從現在開始身體力行，讓人生中的每一個選擇與決定慢慢地累積出那樣的結果。未來既然是浮動的，不如從現在就開始協助自己創造出想要的未來，讓每一天都過得有意義些。

我曾說過很多次，靈魂不是投胎來受苦的，而是希望透過種種體驗幫助自己成為更好的存在。與其每天陷入無能為力的茫然之中，不如換個角度思考：今天的我可以做什麼來幫助靈魂感受快樂與充實。

靈性著作權

——對應頻道334集

本文想要討論的話題是「靈性著作權」。之所以有這個話題，是因為網路上有位A大師指控B大師盜用自己的靈性著作權，以不正當的方法對外牟利、誤人子弟……其實這不是我第一次聽到「盜用靈性著作權」這字眼，所以想藉由這篇文章討論所謂「靈性著作權」究竟是怎麼一回事。

我曾說，宇宙的訊息量很龐大，而且全都是以振動的方式存在我們的次元。再加上我們正進入覺知時代，所以各位應該有注意到所謂的靈媒猶如雨後春筍般不斷冒出。今天可能有人因為用了死藤草變得敏感，又或者是體驗瀕死經驗就突然通靈了，也很可能有人睡了一覺起床，就莫名其妙地開了第三眼……反正不管是用什麼方式，各位應該注意到身旁的靈媒變多了。

這並不是奇異現象，也不是時代的熱潮。我們的感官曾經是與宇宙相連的，只不過因為進入工業時代，被迫放棄那樣的感官。如今我們又要邁向覺知的世代，這些感官自然而然會重新回到日常生活當中。由於我們的感官慢慢地被啟動，每個人身上不一樣的頻道也會跟著接收不一樣的訊息。所以各位應該有注意到坊間通靈訊息的多樣化，無論是來自高靈、外星人、宇宙、阿卡西紀錄，又或者是前世今生……

重點是，雖然每個人的頻道都不一樣，但相似的也不少。一旦頻道相似，接收到的訊息也就大致相同。這感覺就像無線對講機，有些時候只要頻道相似，我們也會接收到其他人的對話。以前通靈的人佔少數，這些訊息似乎只能讓少部分的人擷取。如今我們正進入覺知時代，每個人都會開啟不一樣的頻道與宇宙連結，在這種彷彿走沒兩步路就遇到靈媒的狀態下，人們接收到相同訊息的機會遠比之前來得大很多。

然而，這些靈性資訊並不是少部分人的專利，也不是在有靈媒之後才出現，而是早在千古以前靈性就已存在。就好比濕婆、Vishnu、釋迦牟尼、聖母瑪利亞、耶穌、麥加聖地等等……看似個別不同的信仰，當中其實都有雷同之處，因為人們認知的宗教本就是透過追尋靈性得到的感悟而創造出來的結果。這也使得達賴喇嘛、薩古魯、巴夏等等這些人們耳熟能詳，傳遞靈性思想的代言人，也都在分享很類似的訊息。

其實「靈性」本來就是一種生活態度與信仰，無論它是不是要以宗教的方式呈現，基本上都在協助人們追求心靈上的穩定與平衡。這些人所傳遞的訊息並不是此時此刻才出現，而是一直以來都以一種振動的方式存在宇宙之中。

我很常說：宇宙底下的萬物都是一種振動。這個結論來自於自己多年觀察的結果。但是在好幾年後，我莫名地發現了愛因斯坦也說過一模一樣的話：所有的東西都是振動。難不成我也是抄襲愛因斯坦嗎？在我分享自己的論點時，我甚至不知道他曾經說過同樣的話。為什麼天南地北的兩個人會說出一模一樣的話呢？

如上所說，宇宙底下的訊息是以振動的方式與任何人共享。當兩個人的頻道很類似的時候，他們自然會接收到很雷同的訊息。

但人們總是想要覺得自己是獨一無二的。所以當我們接收到任何訊息的時候，都會私心地想要以為自己是第一個發現的，因而不自覺地對所接收到的訊息產生佔有慾，覺得那是專屬於自己的。

關於這一點，我在很久以前曾發表文章。我說，每一個學習靈性的人一定都會經歷過靈性傲慢的階段。它往往會是在追求靈性後一到三年左右的時間發生。在這段時間裡，人們會覺得自己好像無所不知，更甚至覺得自己發掘了古今中外的聖人都不知道的祕密。人們會想要自創宗教，或是自成門派，以招攬追崇他們的信徒。但這種做法大多是為了滿足內心的不安全感，因為一旦有越多的人追崇他們，就證明了他們接收到的訊息是真理。

我也曾經歷這麼傲慢的階段，只不過沒有那種足以覺得高高在上的特權，因為我每天都被靈魂導師罵到臭頭。或許因為這樣，所以我的靈性傲慢只維持了六個月左右。在那之後，我的自尊心就一直呈現走下坡的狀態（不要懷疑，現在也是）。因為當自己度過了那段靈性傲慢去學習更多知識時，才發現自己有多無知，知道的有多微乎其微。每每多學一件事，就更加不敢相信自己竟然曾經愚蠢到覺得已經掌握了所有靈性的祕密？！

我的高靈曾經在我靈性旅程的初期告訴我：大部分的人類會因為慾望而停留在靈性傲慢的階段，再也無法進化。而今，我也只能以過來人的經驗與各位分享：當我們在學習靈性的道路上覺得自己好像什麼都知道時，那絕對是靈性之旅最初期的階段。那個時候的我們什麼也不懂，被考驗的只是人性的傲慢罷了。那感覺就好像小孩子剛學會走路，就覺得自己可以行走江湖，但所有人都知道，一個腳步蹣跚的小孩根本沒有闖蕩江湖的能力。

人們的靈性一旦因為自滿而定格，未來可能會錯過的，就不是我能夠用文字形容的。因為世界真的很大，而宇宙的宏觀，更不是人們短暫的生命可以完全理解與通透的。

此外，所謂靈性修行者究竟為什麼熱愛與人分享靈性想法與觀念，難道不是為了幫助人們過上更舒服與快樂的生活？如果這是我們的初衷，那麼誰來做重要嗎？重點在於，只要那些信念真的可以協助人們的日子過得更好，那就夠了，不是嗎？

就算我對自己的能力很有信心，我也不認為自己可以拯救所有人，因為我清楚知道自己的觀念並不適用每一個人。但是，我卻十分信任每個人的靈魂導師。我相信無論人們選擇用什麼方法提升自己的靈性，絕對都是最適合他們的選擇。因為沒有人比靈魂導師更了解自己，祂絕對會帶領各位尋找最適合自己的道路。

就算有人真的找上A大師口中的冒牌貨，也相信對方的指點而耽誤了自己的人生，你不覺得這也是上天對他最好的安排嗎？或許，他必須從錯誤中得到學習後，才能找到你，爾後才會真正感謝你給予的建議。如果人們沒有經過這一段而先找到你，有沒有可能他們反而會覺得你才是那個冒牌貨，不懂得感謝你所提供的意見呢？

如果有客人諮詢了冒牌大師之後才找到你，你非但沒有寬容心，還意氣用事地說一句：「誰教你要用假貨？！」我就問：修行的人不是應該比一般人更有度量嗎？這種小心眼的心態真的有辦法傳遞宏觀宇宙的訊息嗎？

無論之前尋求協助的對象是誰，今天他們既然出現在你面前，不是更應該思考自己可以如何協助對方脫離困境，並獲得療癒嗎？

好啦，我不是說這世界上沒有投機取巧的人，總會有人想要以最快的捷徑賺取最多的利益，所以抄襲盜用絕對是常有的事。但我個人認為：被人盜用或許也算一件好事，因為那表示自己走在他們的前頭，而不是身後。與其一直擔心有誰抄襲自己，倒不如把精力著重在想盡辦法讓自己超越到他們無法跟上的速度。但無論人們怎麼抄襲，重要的是他們可以幫助到別人就好了。

靈性是一種在你我出生以前就已經存在的振動。它既不屬於任何人，也沒有任何人可以宣誓它的主權。就像你可以跟任何人說你是地球人，卻不能跟人家說地球是屬於你的。如果真的想在靈性上有所提升，就先從修口德做起。不要總是急著指責別人的過錯，因為這樣的行為只會降低自己的格局。

總結來說，「靈性著作權」是不存在的。唯有自大的人類才會覺得自己可以宣稱它的主權。靈性這種東西就像蘋果，你可能有一天不小心發現了它，但它卻早在你出生前就已經存在。你可能因為很喜歡某一品種的蘋果，所以拿了它的種籽回家，為自己種下一棵蘋果樹。等到開花結果，你可以說自家樹上產的蘋果都是你的，卻不能說世界上所有蘋果都是你的。你可以把這個比喻理解成，你在靈性上的理解可以寫成書出版、發行線上課程、開座談會或是任何周邊商品……這些都是屬於你的。但是，你不能宣稱所有靈性相關的內容全是你的發明。就好像蘋果有很多不一樣的種類，但這些不一樣的種類全都是蘋果，這是同樣的意思。你如果做得夠好，這些靈性知識就會像愛妃蘋果一樣冠上你的名字；如果做得不夠好，那麼它們在大眾眼裡，和其他蘋果是一樣的。

在靈性上，每個人會用自己的理解創造屬於自己的文字。每個人都有不同的表達方式，即便兩個接收到同樣訊息的人，也可能會有完全不同的註解與詮釋。正因如此，靈性才可以用更多元的方式傳播。這也是靈性可以分化成各式各樣的宗教，以各種方法協助各式各樣的人的原因。但無論透過什麼方法，只要可以幫助更多人得到心靈上的和平，我們也間接地幫助這個世界朝著更好的方向前進了，不是嗎？

宇宙真的很大，訊息真的很多，與其將所有心力浪費在擔心別人抄襲你，何不把精力投注到讓自己持續勇往直前，到達別人無法抄襲的高度呢？

開第三眼的必要

——對應頻道335集

近年來，由於身心靈的發展，「開第三眼」似乎成了非常熱門的話題。除了時常有人詢問，我也很常看到剛開第三眼的人迫不及待地想要分享自己接收到的所有訊息。但或許是因為從我有記憶以來，所謂「第三眼」就一直帶給我無止境的驚嚇，所以我不能理解為什麼人們那麼急著想要打開它。

此外，我向來相信靈媒能力是每個人與生俱來的，沒有特別需要打開的必要。如果這一輩子有需要，自然會在最適合的時間點打開。如果沒有打開的必要，強行打開也只會徒增煩惱。

很多人說開第三眼是為了滿足好奇心，這讓我不免好奇：是什麼因素讓各位這麼有信心地覺得，只要開了第三眼就一定能看到自己想要看到的東西呢？又為什麼覺得這會是一個想開就開、想關就關的技能呢？

我當了一輩子的靈媒，大部分的時間都是被迫看不想看的東西，接收有聽沒有懂的訊息。特別是當內心有滿滿的恐懼與焦慮的時候，更是如此。由於一個人的內在情緒會影響自己接收的訊息，所以在內在情緒沒有處理的情況下，往往只會看到自己最害怕的事物。試想，如果一個人連現實生活裡的恐懼都不敢面對，又怎麼有能力處理完全束手無策的恐怖影像？

很多人想要透過第三眼探索自己的前世今生、因果報應……但就經驗來看，今生的功課對應的前世記憶鐵定慘不忍睹。人們覺得可以回答問題的前世記憶，很多客戶在探索後得到的卻是更多的困惑與驚嚇。

也有人想要透過第三眼看到美好的事物，例如光與神等等，但在宇宙凡事都是一體兩面的情況下，看得到天使自然也看得到惡魔，看得到光明自然也感受得到黑暗，因為單一的視角無法提供你想要的真理，也無法讓你感受真正的意義。所以在各位覺得看到小精靈可以讓生活變得更有趣的同時，也別忘了祂們很可能半夜不睡覺地在你耳邊大開派對。

我不是試著勸退各位開第三眼，而是希望各位做任何事之前，都應該讓自己有正確的心理準備。在我那個年代，沒有所謂「第三眼」，想看到光與神就是開「天眼」，但「天眼」也不是想開就開，而是需要菩薩同意才可以賜給你的「技能」。看得到鬼的叫「陰陽眼」，感受得到五感以外的感官能力叫「第六感」。

如今所說的「第三眼」，已涵蓋了看得見所有眼睛看不到的事物，這包含神、魔、精靈、人魚、神獸、宇宙訊息、前世、阿卡西紀錄等等……但與其稱之為「第三眼」，它其實更像「第六感」的感知能力。這種能力會依照每個人的使用習慣不同，呈現方式自然也會不一樣。有些人會接收到影像，有些人則會接收聲音、味道、觸感，又或者是文字的呈現……

每個人由於習慣不同，接收的訊息清晰度以及解析方式自然也大不相同。人們常常對通靈有種錯誤的誤解，就是他們覺得所有訊息都會像高清電影般清晰，除了有清楚的對話與音效，還可以迴轉倒帶重新觀看。但真正的訊息往往發生的時間非常快，而且訊息量爆多。如果又受到情緒影響，接收的訊息就很可能涵蓋許多沒有必要的雜訊。若是主觀意識很強，訊息就會完全受到主觀意識主導。所以與其說訊息會像高清影像，其實更像是你在回憶童年的一段記憶，至於它會以什麼方式呈現，又或者是擷取到什麼細節，則完全取決於你的主觀感受。

當然，要讓訊息變得清晰是可以練習的。當我們的理解層面越多元，我們的主觀感受也會變得客觀。我們可以學習對生活中的人事物多一分覺察力，這可以幫助自己辨識複雜的訊息，也可以增加訊息的清晰度。因為強化生活中的五感，也會加強第六感。

這麼多年觀察下來，我發現許多人追求第三眼其實是想感受自己的與眾不同。他們在現實中往往都有不被重視、沒有價值的感覺，想藉由這個技能讓自己感覺不一樣。但**真正的與眾不同應該是藉由生活體驗**，不是透過開第三眼就可以得到。

也有人認為「第三眼」可以協助自己處理許多事。只不過，許多人連現實生活的問題都沒有勇氣面對，又怎麼會認為開了第三眼之後，不但現實的生活可以得到解決，就連第三眼附加的靈性問題也一併清除呢？

我向來信任，每個人的靈魂導師一定會讓你具備所有技能來處理這一輩子的功課。如果自己沒有第三眼，一定也是此時此刻最好的安排。我們覺得開了第三眼後就會變得簡單的生活，我截至目前為止還沒有體驗過。如果現在的生活變得簡單，一定不是第三眼造成的，而是因為自己願意跳脫舒適圈，克服種種的恐懼之後達到的結果。我哭過、笑過、懊惱過，也悔恨過……我們一生中體驗的種種喜怒哀樂成就了今日的我們。這才是靈魂導師大費周章安排一生期望讓各位體驗的。

所以我覺得與其急著開第三眼，不如學著把自己的心打開。用心體驗人生，感受它帶給你的喜怒哀樂，感受這個宇宙想要帶給你的感覺。一旦我們將自己的心打開，身上的種種感官自然也會跟著打開。你會開始看到人們急於隱藏的內在，聽到話裡的弦外之音，嗅到不被察覺的動機，嚐到未來的滋味，又或者是透過觸碰，傳遞無法用言語形容的感受……

心打開了，你內在的視野自然也會變得更廣闊，隨著接受度更廣，感官也會更加多元。而這個技能並不需要特別求神問卜地請人幫你打開，只需要**真實地面對**身旁的種種人事物，用心感受與互動就可以得到。唯有放下人類的邏輯以及既有觀念，便可以清楚地感受到心會慢慢引領你走向最適合你的地方。

或許，各位一直在追求的第三眼從來就不是一雙眼睛，而是一顆可以感受世界的心。用心體驗生活，絕對是你可以賦予自己最好的第三眼。

強悍與脆弱

對應頻道336集

我曾經認識一位覺得自己非常強悍又不甘示弱的女生，每當她想到在別人面前表現自己的脆弱感，她就顯得十分抗拒。也由於不甘示弱，總有什麼事都扛起來自己做的傾向，也因此身旁的朋友們總是建議她學著軟化自己，不要總在另一半面前表現出任何事都要自己來的模樣，這樣她的另一半才會覺得自己被需要。

但是這位女生總是對這樣的建議嗤之以鼻，完全不能理解為什麼要為了男人把自己裝作又蠢又笨的模樣？如果一個男人需要她這樣自我偽裝才會喜歡她，她又為什麼要和這種人在一起？

雖然我完全理解這位女生的想法，但我也不得不以中立的立場表示：一個人外在表現出來的行為，往往是為了隱藏內在害怕讓人發現的一面。所以外表越強悍，越表現出「我不需要你」的人，其實內心越渴望得到他人的幫助。唯有可以坦然地面對自己內在的情緒，才有辦法把這層偽裝慢慢剝離開來。

「但是剝離開了又如何呢？」女生問：「就為了讓自己變得無能為力？明明可以辦到的事情為什麼要裝作辦不到？不覺得這種行為很愚蠢嗎？」

我必須說，多年前的我跟這位女生的觀點絕對是如出一轍的，但是經過這些年的歷練，我開始慢慢理解所謂「脆弱」。我曾經以為所謂「脆弱」是女性展現弱不禁風、手無縛雞之力的模樣，但後來發現真正的「脆弱」有更深層的意義。

脆弱，不是外在表現的行為，而是**全然接受自己不需要面面俱到**的態度。

所以，在急著為自己的強悍辯解之前，我們應該先理解每個人的內在都有脆弱的一面，正因為我們想要確保內在的脆弱不會受到任何傷害，所以外在才會表現出強悍的模樣。當你知道自己有這樣子的行為時，應該要做的是了解自己的內在小孩真正害怕的是什麼？又或者是曾經受過什麼樣的創傷？要不然，為什麼如此害怕呈現出自己脆弱的一面？

我相信各位一定很常從強悍的女生口中聽到「我來！」這句話。但不知道各位是否思考過，這句話究竟從何而來？難道不是因為她們並不相信別人有能力可以做到？又或者害怕別人無法滿足她們的期待？為了避免自己失望，才會導致她們最後選擇把所有的事情攬到自己身上？

然而，結果往往導致她們背負的責任與義務越來越多，很多時候她們會耗盡所有能量，把自己都搞垮了，還想硬撐著身子繼續扛下更多責任。也是因為這樣的態度，導致她們好的時候很好，一旦能量耗盡，幾乎就是極速地陷入一蹶不振的憂鬱狀態。

但是眼前的女生可不認為這是自己的問題，因為她覺得自己脆弱的時候，都會交代別人幫忙自己把事情做好。

「假設他們做不好呢？」我接著問：「妳是否也可以放過自己？」這個問句才剛問完，我就從那位女生的表情清楚地得到答案。於是，我再換個問法：「如果對象換成妳老公呢？當妳需要幫忙的時候，是否也有辦法開口請他幫妳呢？」

沒想到這個問題對她來說，反而更加困難，於是她誠實回答：「我會請朋友幫我。」

「可是在婚姻裡頭，當妳需要幫忙的時候，如果無法要求另一半的協助，那麼你們倆人想要維持的究竟是什麼樣的關係？」女生因為害怕丈夫把事情搞砸，無法做到她想要的結果，從來不願意將任何事情交代給他。可是，任何肌肉不都是要透過失敗才有機會得到成長嗎？如果從不願意給任何人機會，對方又怎麼有做到「好」的可能呢？

無論我說什麼，女生還是堅持自己沒有必要在另一半面前表現出脆弱的一面，使得我不禁感嘆：「我根本不介意妳要不要在他面前表現出脆弱的一面。我只想讓妳知道——每位強悍的女生，內在都有一個脆弱的自己。」雖然我們讓自己變得很強悍，但其實內心都期望生命中有人可以像救世主一樣拯救我們，也渴望比我們更強悍的人可以挺身而出保護我們。我曾經也很唾棄人們什麼事都不願嘗試，只希望得到他人救贖般表現出無能為力的模樣。那個時候的我，把這樣的行為當成脆弱的表現。直到體驗過最嚴重的憂鬱症，連最基本的生活作息都無法打理時，我才清楚理解什麼叫脆弱。

「脆弱」不是外在如何展現，而是內心真實感覺到自己什麼事也做不到。這個狀態下的你完全沒有任何攻擊能力，只能感受體內的力量以極快的速度流逝。你不需要在男人面前表現出脆弱的模樣，但至少要有能力誠實面對自己的感覺。當你站在鏡子前好好看著自己時，至少要有辦法溫柔地問一句：「你還好嗎？」如果從鏡子看到自己強忍壓抑的情緒，又是否可以問他：「我可以為你做些什麼，能讓你覺得好過一點呢？」

如果鏡子裡的我想要吃鹹酥雞跟珍奶，這個時候我就會義不容辭地做到。等到滿足了第一個需求，再回來問鏡中人是否覺得好過了些。如果答案還是否定的，我會繼續問：「我還可以再為你做些什麼呢？」通常在持續不斷地探索之後，內在終究會坦白他真正想要的究竟是什麼。一般來說，他真正想要的，是他清楚知道你無法為他做到的。但是如果這個時候的你願意盡一切可能地為他創造那樣的結果，並讓他知道他的快樂才是你最重視的事，那麼你自然可以感受到內心的防線慢慢瓦解，並在執行快樂的過程中得到內在小孩的信任，而不是讓他覺得你一直以來都只是在敷衍他。

拿我做例子。當鏡子內那個哀傷的自己說「我不希望再看到我婆婆」時，鏡中的她早已預期我會試圖說服她「這種想法是自私的」。但是當我向她承諾「好！如果這是妳要的，我就會盡己所能讓這樣的事情發生。因為妳的快樂對我來說才是最重要的」時，她其實是又期待又怕受傷害的。因為連她自己都不相信我有辦法做到，覺得那只不過是我用來安撫她的另一個謊言。但是當她意識到我真的開始想盡辦法創造那樣的結果時，她開始重拾對我的信任，也慢慢卸下自己的武裝，不再需要透過「強悍」來偽裝自己的「脆弱」。也是在這種來來回回的過程中，我慢慢地找到自己，也學會照顧好自己。這才知道原來愛自己與照顧自己都是需要靠自己身體力行去做。

我開始了解「脆弱」不是在人前表現出懦弱的模樣，也不是為了討好另一半而把自己裝得又蠢又傻，而是有辦法坦承並面對鏡子裡那個脆弱的自己，然後跟自己說：「我可以為你做些什麼？」等到我們學會與自己的脆弱相處時，強悍的偽裝自然也沒有存在的必要了，不是嗎？

人生藍圖、功課與目的

——對應頻道337集

這篇文章想要討論的主題是「人生藍圖、功課與目的」。雖然這類主題之前已經討論過，但希望能夠讓大家更清楚理解它們三者的差別。

很常有客戶想知道自己的人生功課是什麼？人生目的是什麼？也想知道自己的藍圖究竟是什麼……

我曾多次說過，你的人生功課、目的與藍圖都與你想像中的「物質」沒有任何關係。如果大家還不太了解這一點，讓我再次說明：它不會是特定的對象、居住的房子、駕駛的車子、從事的行業、每月的薪水，又或者是銀行戶頭存款有多少錢等等的外在物質。

當然，每次我這麼解釋，就有許多人問：既然跟這些物質一點關係都沒有，為什麼還有人生藍圖、功課與課題呢？

所謂人生功課、目的和藍圖都不是什麼深奧的字眼，也不是靈性上的專有名詞，只不過是我用來幫助自己理解靈魂鋪陳的文字。想像我們蓋房子的時候，一定會先思考為什麼要蓋房子，無論是用來做為辦公大樓、住宅、店面、商場，還是餐館……房子最終的使用功能就是所謂「目的」。一旦有了目的，會依照需要設計房子的鋼筋架構與功能，這我稱為「藍圖」。而後，師傅們則會依照藍圖建造房子。不過，各位如果曾經建造過房子，或擔任過監工，你們就一定知道無論藍圖標示得多麼仔細，蓋房子時還是會遇到種種狀況，這些導致建築進度緩慢的問題就被稱為「課題」或「功課」。當然，並不是所有的「課題」或「功課」都是痛苦的，以蓋房子為例，實際將房子蓋起來的各種動作，例如接管線、造牆、裝窗、裝水管、室內裝潢等等……都可以單獨稱之為「課題」或「功課」。

我之所以用「人生藍圖」來比喻，是因為靈魂在鋪陳一生的架構時，跟蓋房子前需要設計藍圖很相似。兩者都必須先思考終點想要達到的目的是什麼，再思考什麼樣的架構可以協助靈魂走到那個終點，然後在藍圖定案後採取行動。

如果還是覺得這樣的概念似懂非懂，就試著把「房子」切換成「我、自己」來想像吧。靈魂的所有安排都是繞著自己在轉。如果靈魂安排這一世的目的，是為了協助自己成為最終那個理想的模樣，那麼規劃從出生到結局的雛形架構，就會是你的人生藍圖。而過程中應該遇到什麼樣的起承轉合，才可以促使靈魂朝結局更進一步的安排，就會是你的人生功課。

很多人覺得上述的解釋反而讓他們更加不安，認為如果這輩子不知道自己是誰，是不是就代表自己的人生藍圖全毀了？

沒有人一出生就知道自己是誰，又或是想要成為什麼，這些都需要追求與探索，才能夠創造出一生中的種種體驗。所以即使各位不知道自己是誰，也不需要太擔心。你可以試著問問自己「想要成為誰？」我指的不是你的外在想要成為誰，而是內在的層面上，你希望自己成為什麼樣的靈魂？懂愛的？勇敢的？自由的？無謂的？還是可以散播溫暖的靈魂？這些都可以是你的靈魂之所以安排這一生的目的。為了達到這個目的，你會開始打造人生的藍圖與功課。

假設你是個編劇，今天有個人物角色想成為勇敢又有自信的人，可是此刻他的靈魂狀態十分膽小又沒有安全感，那麼你會設計出什麼樣的平台，才可以用最快的速度呈現如此膽小又沒有安全感的個性？會安排鋪陳怎樣的故事情節，讓這個主角最後可以成為勇敢又自信的人？你又會在他的人生旅途上安排什麼樣的磨難，激勵他的靈魂成為那樣的人呢？

如果把這個故事的雛形寫好了，你是否在故事中，看到很類似自己人生的劇情呢？如果隱約看到自己人生的鋪陳，那麼你應該清楚地知道你想達到的終點是目的，架構是藍圖，所面臨的考驗是功課。

由於靈魂的潛能，大多是透過磨難的考驗被激發出來，鮮少在安逸的狀態下自行發展。這也正是我常說的，想要快速尋求靈魂進化，最好的方法就是面對自己的恐懼。因為人生功課總是隱藏在你害怕面對的事情背後。

有人害怕反抗環境的束縛，有人害怕與母親頂嘴，有人害怕表達自己的情感，也有人害怕面對他人的拒絕，害怕追求自己的夢想……你是否想過，自己害怕的又是什麼呢？如果你真的想要釐清自己的人生課題，最簡單的方式就是問自己：**「我怕什麼？」**

許多人常常抱怨活了大半輩子，還是不知道自己的人生目的到底是什麼。如果你的恐懼等於人生功課，那麼「你想要成為什麼」自然等同於你的人生目的。它可以是：我想要感受到愛、自信、勇敢、無所畏懼、自在等等。一般來說，你的靈魂最終想要達到的理想模樣，是現在的你還做不到的，所以你的人生才會有一連串的考驗，一步一步將你推向那個未來。

如果你覺得自己回答不出「我想要什麼？」不如換個角度思考：**自己在什麼狀況下是最快樂的？**因為一旦朝著那個方向努力，自然會越來越接近自己的人生目的。

這篇文章快速地為這三個名詞總結，希望能提供各位不一樣的角度思考這三者的意義。

我們賦予了他人多少力量

——對應頻道311集

這個話題源自於一位我追蹤的臉書用戶，他因為社交媒體的推播機制改變，使得自己的影片沒有得到以往的回應數，而陷入心情低落。沉澱一整天後，他赫然意識到自己的情緒竟然如此容易受到數字影響，並感慨真正的快樂應該源於自己才對。

在過去一、二十年的時間裡，由於科技與社交媒體發達，人們之間的互動不再熱絡，反而更加在意自己的社交平台有多少人按讚、分享或關注，藉此證明自己的影響力或價值。

我並不完全反對這樣的說法，畢竟自己也身處在兩個世代交替的時代，親眼見證科技的發展與影響力。我認為科技的發達不全然是件壞事，就如同我可以隨時隨地開直播，迅速地與世界各地的網友分享自己的觀點，這在以往是無法想像的。在過去，當人們有任何觀點想要讓大眾知道，可能需要透過第三方的認同、編排以及發行，才能傳遞想要表達的想法與觀念。

當然，我也不否認過度投入社交媒體會影響現實生活的社交能力。我特別注意到，人們因為缺少真實的互動而失去察言觀色的能力，他們無法分清楚對方是在開玩笑，又或是在諷刺。這也是為什麼我特別提倡與人互動的重要性。

科技固然方便，也讓我們漸漸依賴於虛擬的「數字認同」。有些人甚至完全仰賴這些數字證明自己具有價值。然而，自我認同一旦建立在虛擬的數字上，個人價值自然而然地就會受到數字的改變而影響，也很常會因為陌生人的負面評價導致我們一整天心情低落。但是，對方如果與我們的生活完全沒有交集，又何需讓這些人掌控我們的情緒？

我曾經有個小小的體驗。有一次我試著賣掉家裡的二手魚缸，在對方取貨前，我再次檢查，卻發現魚缸燈壞掉了。於是我主動提出折價，但對方卻堅持要求幾近免費的價格。最後因為無法達成共識，對方便選擇不買。這原本應該只是一場無法完成的交易，對方卻在離開前破口大罵，甚至離去後還特地上網給我負評，長篇大論地指正我疑似詐騙。這樣的態度使我從原本的抱歉轉成憤怒。當憤怒升溫時，我的腦子也不自覺地浮現出這樣的問句：「我認識這個人嗎？他在我生命中的份量值得我為他如此生氣嗎？」

也是因為這件小事讓我意識到，我們究竟將情緒與力量交付在多少外人身上？又有多少完全不認識的人隨口無心的一句話、一句評語，就能影響我們的情緒？因此，我希望大家花點時間審視自己的一天，把力量留給真正關心你的人，而非那些毫無關聯的人。

舉例來說，有人出門時可能會莫名其妙地被陌生人罵，又或是在工作上遇到非常討厭的客戶。此外，也很可能是公司的同事，又或者是老闆……更甚者，很可能是你的另一半、小孩，又或者是兄弟姊妹等等。從某個層面來說，他們猶如來我家購買二手魚缸的買家。

我曾說過，每個靈魂之所以投胎，都是為了幫助自己進化。當靈魂死亡之後，他們不會去反省別人做了什麼，而是會仔細地省思自己的一生。因此，發生在周遭的人事物鐵定都有讓你成長的功課存在。

那麼，假設今天在你的生命中發生了跟我一樣看似不起眼，卻完全影響到你的生活以及情緒的事件時，你應該怎麼辦？

第一步，Evaluate（評估與審核）。各位可以先審核一下事件的前後緣由，以第三者視角清楚描繪出整個故事。拿我賣魚缸的例子來說，我可以思考當初從收集魚缸到公開販售前是否太衝動，是否有不周全的地方，以及對方為什麼會感覺受騙。

第二步，Reflect（反省與檢討）。我會捫心自問，審核在整個過程裡是否有可以做得更好的地方。如果有，我會謹記這一次的教訓，讓自己下一次做得更好，以避免同樣的事情發生。在這個階段，我會盡可能排除自己的情緒，並仔細省思可以改進的空間。（記得，重點在於改進自己，而不是讓對方快樂。）

第三步，Execute（執行）。如果在反省與檢討的過程裡，發現有任何可以補救的方法，接下來我便會執行（無論自己喜歡與否）。但如果這個事件完全無法彌補，我會讓這件事從生活裡結案，讓它完全成為過去式。

以往有很多諮詢個案常因為無法對過去的事件結案，導致自己的情緒一直受困在過去的事件裡而無法釋懷。最常聽到的例子是：「我與某位前任男友分手，明明知道對方不適合我，但自己就是放不下。」明明已經事過境遷，卻一直沉浸在過去的事件當中。即便生活中出現更好的人，也永遠比不過記憶中的美好。這就好比我的魚缸在那個當下賣不出去，我就一直糾結著「是不是自己做錯了」，然後想盡辦法討好那位買家的意思是一樣的。

如果意識到自己有上述的情緒與行為，你可以試著自問：「我的情緒是不是完全決定在別人手中？」如果是，接下來又可以怎麼做？我曾說過，你是掌控自己情緒最好的主人。今天無論面對的是喜怒哀樂，都應該由你自己來決定。

我再重申一次，我說的是喜、怒、哀、樂。因為人們常常覺得掌控自己的情緒，指的是讓自己一直保持在正向的情緒中，但這並不是我的意思。唯有真正地了解所有情緒的存在，才能夠幫助我們整理，並調整自己的軌道繼續前進。所以，今天如果有這些讓人不愉快的事情發生時，我們應該怎麼辦？

第一，全面地審視事件的全貌。第二，檢討整個過程中是否有可以讓自己的靈魂變得更好的方法。第三，執行那個方法，又或是讓整件事結案，好繼續自己的人生。

我的做法是，下次要販賣任何二手商品時，先仔細地審視物品狀態，在公告任何廣告時會清楚地告知買方。至於先前這位買家，我則採取不理會的動作。雖然他帶給我功課，但他的不禮貌不值得我的尊重。

當然，我知道有很多人會問：「被他激怒的情緒又該如何消化呢？」我決定把這些能量轉化成有建設性的行為，好好研究自己的燈為什麼壞了，以及是否可以修復它。當然，等全部修復好的時候，我也不想賣魚缸了。（或許這也正是老天根本不想讓我賣魚缸的另一個手段吧 XD）

我知道很多人在被激怒的狀態下，直覺地會想為自己辯解。但我從過去學到的體悟是：相信你的人自然會相信你，不相信你的人，就算辯解再多，對方也永遠不會相信。

當然，沒有人喜歡被質疑的感覺。但假如對方與你的生活完全沒有交集，或是完全不尊重你，為什麼要浪費那麼多的時間與精力試圖討好他？（這同樣適用於網路上完全不想了解你，卻只會用負面評價批判你的人。）生命中無論發生什麼事，都是為了促使你成為更好的自己。如果一直沉浸在過去的事件中，只會讓自己無法前進去創造想要的未來。前男友之所以稱為前男友，正因為他屬於你的過去，不是未來。結案的動作是為了讓自己前進，不是一直回到過去。如果你無法單純在心理上為某件事結案，可以試著自創某種儀式來完成結案。有時候人們需要一些儀式感來堅定自己的信念。

如果真的覺得氣憤難平，可以花個四五十分鐘運動、跑步，或吃點喜歡的東西來消化那些情緒。如果試過這些行為之後，心裡仍有積鬱，可以試著靜坐冥想，將重心放在自己的呼吸上，想像出一個很大的泡泡，把這些不舒服的能量全部包裝起來送還給對方，並祝他有美好的一天。

記得，想要掌控自己的人生，就必須先理解如何協調自己的情緒，而不是將掌控情緒的所有力量交付到他人手中，讓別人主導我們的人生喔！

我是如何度過艱苦的歲月

——對應頻道339集

在這麼多年的諮詢經驗裡，常遇到客戶向我抱怨自己的童年有多麼辛苦與艱難，也因此導致他們如今的生活不順遂。看著我日子過得順風順水，他們常常認定我一定有著一帆風順的童年，所以無法理解他們真實的感受。

但其實，我從小在家暴環境下長大。除了經歷被拋棄、沒有人愛，又加上體弱多病的關係，我在求學過程中幾乎永遠是被孤立的。這種總是感覺自己會被拋棄、沒有人愛的心態，自然而然地反映在一路走來的感情上。再加上從小通靈卻沒有人可以帶領，也讓我的靈修之路走得格外辛苦。

曾有網友問：「你是如何度過那些痛苦的歲月？」才讓我好好地思考自己這一路究竟是怎麼走過來。我也才意識到，或許自己早已把這樣的生活當作常態，所以從未思考這種日子什麼時候會結束，只思考如何幫助自己度過當下的困境。

那時候的我，只有一種信念：想辦法讓自己變得更加強大，那麼這些事情就再也不會對我產生任何影響。但這並不表示我的精神狀態可以永遠如此堅定，難免也會有無力得想要放棄所有、自哀自憐的時候。這時的我往往會對未來有種感知——看到自己一旦擁有力量之後，可以創造出什麼樣的生活。現在的我回首，我會說：「那時候的我是透過來自未來的我的鼓勵，而堅持下來。」

還記得嗎？靈魂是不受時間與空間限制的。在過去、現在、未來的振動交互重疊下，靈魂可以自由穿梭在任何時空。祂可以探索未來，也可以回到過去。當靈魂回到過去療癒任何傷口時，自然而然地會影響現在及未來的狀態。

過去的我感受到自己的無能為力，當然可以透過未來的力量重新創造動力。現在的一事無成，並不表示未來也會是同樣的狀態。低潮時，想想未來有什麼可以激勵自己的可能，而不是允許自己一直沉浸在自哀自憐的狀態。

痛苦的時候，人們往往會對未來失去所有希望，因為他們不相信自己值得更好的人生，因而無法看到更美好的未來。當人們沒有任何足以依靠的信念時，又如何站穩自己的腳步呢？

其實我一直以來都相信，與其一味地等待他人的救贖，不如學會找回自己的力量。因為在成長過程中，無論我們經歷了什麼，自己才是最不離不棄的陪伴者。

人們之所以看不到未來，最主要的原因是不相信自己，只把目光放在害怕的事物上。但相信自己的人，即便步伐緩慢，也相信自己總有一天會到達那個想要的未來。

其實，那種感覺就像怕高的人登山時走在懸崖峭壁上的石階。如果你將視線放在石階邊上的懸崖，任由腦子不斷重複播放著可能摔下去的畫面，這讓你壓根不會把山頂當作自己的目標，反倒是每一步都假想著掉下去以及失敗的可能，而說服自己不要繼續前進。

但是，如果你一開始就把目標訂立在山頂上，行走時即便害怕，也會強迫自己將所有注意力集中在腳下的石階，督促自己一步一步地完成它。在這種行動力之下，無論行走的速度多麼緩慢，最終也會讓自己爬到山頂。等到達山頂再回頭看來時路，往往會因為自己的堅持與勇敢而感動。你不會將精力放在失敗的可能（因為那是你早就預想過的），而是著重在如果遇到失敗時該如何克服，以幫助自己成功。

每個人的過去都一定有需要被療癒的傷口，無論是從未感受過愛的童年，或是總質疑自己會被拋棄的人生……這些過去的傷痛，至今都還主導著你的生命，並造就了你用什麼樣的心態來爬自己人生的這座山。

人們若曾經跌過一跤，爬山時就會不斷假設自己一定會摔跤，並預設可能的痛苦程度。絕大多數的時間，人們會因為腦中模擬出來的痛苦，說服自己不要做任何嘗試。這就像在感情上受過一次傷，就說服自己永遠不要談戀愛，投履歷被拒絕一次，就不敢再應徵任何工作。

這也是為什麼我常鼓勵人們學著療癒自己的傷口。因為當過去的自己得到療癒，現在及未來自然就會受惠。如果這樣的說法讓你難以理解，就想像自己學會放下執著時，無論過去發生什麼都變得不再重要，未來也因為你的放下而多了許多選擇。

同樣的道理，如果此時此刻的你感覺失去人生的動力與方向，何不**向未來的你借點力？**想想自己十年後可能創造的最好狀態，讓未來給你一點勇氣，加強你的信念，知道十年後的自己會過得很好。

所以，請現在的你休息一陣子後，繼續努力。如果人生真的沒有方向，就向十年後的你借點力吧！

此外，我也很常聽到朋友分享，他們認識許多人在經歷生命中的考驗而感到無力時，往往會將生活的希望寄託某種宗教。而在步入宗教之後，他們的行為開始變得極端，不但投入所有重心，甚至將未來的目標也全設立在服務宗教之上。

我向來不認為追隨宗教是錯誤的行為，無論我認不認同那個宗教。因為人們在徬徨無助時，往往需要力量支撐自己繼續前進，無論這股力量來自何處。如果無法想像自己有能力創造想要的未來，借助神的力量是合情合理的。

無論他們借助的力量源自何處，重點在於此時此刻的他們需要任何可以支撐自己走下去的信念。所以，不管他們做了什麼樣的選擇，在靈魂導師的帶領下，相信每個人都會找到最適合自己的路前進。

如果各位覺得宗教不適合自己，那就試著療癒自己的傷口，好好地與內在小孩和解吧！

既然靈魂可以回到過去療癒自己，那麼此時此刻感覺無能為力的你，自然也可以向未來借點力，想像自己值得且有能力創造美好的未來。

允許未來的你告訴自己：「你一定可以的！你一定會遇到更好的人，也一定有辦法創造出你想要的未來，因為你值得擁有一切最好的！」

如果覺得自己聽不到未來的訊息，就把上述這些話暫時當作是未來的你想透過我傳遞給你的句子吧！

唯有你相信這樣的未來一定會發生時，身體裡的細胞才會開始改變，並朝著那個方向前進，最終引領你走向那個未來。

Part 2

靈性能量小工具與使用說明書

吸引力法則的小提醒

對應頻道303集

這篇文章想要跟大家分享吸引力法則。每到新年，人們總會對一年的規劃有些不知所措。特別是回顧過去一年卻感受不到任何成長的情況下，更容易迷惘，開始懷疑吸引力法則的效用。

在深入討論之前，建議各位先看看《秘密》這部影片，因為接下來的討論是建立在你對吸引力法則已經有個概念的基礎上。

我曾說過，人的思考可以啟動能量，並造就後續不一樣的種種反應，所以我很常將人形容成會走路的電燈泡。燈泡裡的燈源指的是靈魂的狀態，燈泡殼形容的則是人的軀幹。就好比燈泡殼包不住光源一樣，這樣的形容暗喻靈魂的影響力遠大於身體可以容納的。

靈魂猶如光源，可以自行生成，可以透過意念、情緒形成各式各樣的能量。也就是說，任何思考模式都會製造出特有的能量，再如同光源般對外擴散。所以，一個習慣自我攻擊的人會散播出攻擊自己的能量，而一個愛自己的人會散發出愛自己的能量。這也是為什麼在教育人們學會愛自己之後，便要開始對自己的言行舉止產生覺知，並**對自己的思考負責**。因為唯有對這些事物負責，才有辦法相信自己有能力創造任何想要的世界。

每個人一旦可以找到自己的核心價值，例如「我是誰？想要成為誰？」，並找回自己的主權，才可以開始進入創造的階段。因為這個時候的你，已經可以為自己的言行舉止以及思考負責。我們不會把人生中的功課當作打擊自我的障礙，而是視為幫助我們提升的跳板，也會更願意透過面對種種課題來幫助我們更了解自己是誰，以及想要成為什麼。

吸引力法則則是建立在了解「自己是一個會走路的燈泡」：我創造出來的能量會影響到身體以外的任何地方，而我內在的核心信念也會對宇宙發射出同樣的能量，以吸引相同的事物發生在我的生命當中。基於同頻共振、物以類聚的道理，如果我覺得自己不夠好，生命中就會一直出現讓我覺得自己不夠好的人事物。就猶如我相信自己是幸運的，那麼人生中就會一直出現讓自己感到幸運的人事物一樣。

在宇宙底下的萬物都是振動的情況下，我們的思考和情緒自然也是一種振動。人與人之所以相互吸引，全都是基於振動頻率相同的緣故。振動本身並沒有是非對錯以及好壞的區分，只有頻率不同罷了。所以，一個人要創造任何事物，都將取決於自身是什麼樣的振動。這也是為什麼在我們創造任何事物以前，都要先學著把自己照顧好，因為自身的振動會決定所接收到的實相是什麼。

所以，今天如果宇宙還沒有回應自己的訂單，就好好思考自己的核心信念究竟是什麼。就好比，你是相信自己會有錢，還是知道自己會有錢？對宇宙下訂單時，不是只有相信就可以，而是打從骨子裡**知道自己就是這樣的狀態**。這件事情並不會因為外在環境的變動而改變，猶如你的名字不會因為別人叫什麼名字而改變。因為這個核心的振動才是決定你未來會得到什麼的主要原因。

人們的未來都是浮動的，也就是說，它可以是任何結果，完全取決於你在當下所做的每一個決定。當人們活在過去，他會用過去的經驗，創造與過去相同的未來。既然想要創造不一樣的未來，就必須**用未來決定自己此時此刻的選擇**。只要願意改變自己此時此刻的想法，未來自然也會跟著改變。

檢視自己對宇宙下什麼訂單最簡單的方法，就是學著聆聽自己的聲音，以及常用用詞。就好比跟朋友聊天的時候，你們都聊些什麼？當一個人發呆的時候，又都想些什麼？與同事或老闆相處時，你的腦子裡又在想什麼？這些你常常掛在嘴上的話、腦子在想的事情，其實才是你真正向宇宙下的訂單。

宇宙從來都不會讓你失望。如果你很常向朋友抱怨自己的老公不好，你的老公鐵定會做出更多讓你抱怨的事情。如果你很常抱怨自己老是遇到渣男，宇宙一定會安排更多的渣男讓你遇見。你越常掛在嘴上的，就表示那才是你真正想要的。記得，你自身發射的振動一定會得到相同的回應。一天到晚抱怨自己沒有錢的人，戶頭裡永遠存不了錢；一天到晚抱怨自己遇人不淑的人，總是可以遇到會欺負自己的人。每多花一分鐘在自己不想要的事情上，就是向宇宙發射一分鐘的訂單。

每當我跟宇宙說：「請讓我有錢吧！」我其實更像是跟宇宙說：「我沒有錢，請讓我有錢吧！」在這樣的情況下，各位覺得宇宙會回應你的第一句，還是第二句呢？哪一句話看起來更像是你打從心底相信的核心信念呢？同樣的道理，如果每次向宇宙下的訂單，是「希望有人可以好好地愛我！」那麼這個人的信念是真的相信有人會愛自己，還是他壓根不相信有人會愛他呢？

我們每個人都是可以自行生成能量的能量體。我們的所有言行舉止、思考情緒，都是真實的能量與振動。宇宙對我們的種種回應，都取決於我們散發出去的振動。而這也是人們要學習對自己的人生負責的原因。即便它們不好，也全都是自己創造出來的。唯有這樣，人們才會相信自己有創造任何實相的能力。未來都決定在你此時此刻的每一個決定。想要創造與過去完全不同的結果，就必須創造出新的信念與行為模式來取代舊有的習慣。

你可以透過聆聽自己的聲音，意識到是否將心力投注在顯化自己不想要的生活，是否又浪費了太多時間在討論自己不喜歡的事物。如果這些都不是你要的，那你是否應該轉念思考生命中有什麼東西是你喜歡以及想要的？如果想讓自己擁有那些東西，至少先讓自己學會感激。因為感激是全然不同的振動，可以協助你吸引更多值得讓你感激的事物到生命之中。

當然，感激不單單只局限於感謝好的事情，也可以試著感謝不好的事情促使你成為更好的人。有些人因為生病才意識到自己是被愛的，也有些人是由於憂鬱才感受到自己不是孤單的。感激有許多方式，尋找真正讓你有感的，才能夠真正療癒你的能量，而不是強迫自己相信一件你完全不相信的事情。

所以，如果各位還是對自己的未來感到惶恐，就想想未來其實是掌握在自己的手中。只要我們願意轉變心念，就可以創造出任何想要的未來。宇宙底下沒有是非對錯，所有的一切都是振動的存在。如何投資自己的想法與情緒，全都決定在自己的手中。只要對自己的言行舉止稍有覺察，聽聽自己**平常都用什麼樣的話語來形容所生活的世界**，就可以很快地看到宇宙為什麼會回應出此時此刻的生活。只要記得，即便是不好的習慣，透過二十一天的持續練習，也可以慢慢地改變喔！

我可以為你做些什麼？

對應頻道307集

我很常聽到客戶詢問自己是否可以幫助患有憂鬱症的母親或是另一半。有時候，即便是不太熟的朋友患有憂鬱症，他們也總希望自己能夠做些什麼，幫助他們走出困境，又或是想知道自己應該如何與患有憂鬱症的人共處。

本章節就是針對生活中必須面對患有憂鬱症的親朋好友們，聊聊你們可以為他們做些什麼。

在進入主題之前，我想與各位分享一個個案。有位男孩客戶，他的父母都曾是奧運選手，一家人的運動基因十分發達。這位個案的年紀雖小，卻是十分出色的跳水選手，幾乎可以代表省隊參加全國比賽。只不過賽期將至，他卻有個無法突破的障礙，那就是他完全沒有辦法後翻跳水。

父母不斷地試圖說服他：「這沒什麼大不了，你只要勇敢放手去做就可以了。」由於父母兩人都是運動好手，他們並不指望小孩創造紀錄，只希望他能夠學會挑戰自己的恐懼。然而，同樣的動作在地面上練習時，他都沒有問題，但只要一轉換到水上，他就會整個人僵直，無論跳板的高度多高。這樣的情況持續了六個多月，並開始影響他其它的跳水技能後，男孩的父母才選擇找我諮詢。

經過幾次諮詢都沒有太大改變後，我決定改用催眠的方式協助個案，尋找他最根本的問題。在催眠的過程裡，我發現他無法背對著水的原因，在他前世的記憶裡，曾經被自己信任的人推下懸崖。從那一刻起，他將任何背對懸崖般的狀態與死亡連結，只要看不到水面，他就覺得自己一定會面臨死亡。

原以為透過這次諮詢，我們已經找到個案的根本問題，並協助他將跳水與死亡的連結切割，一再向他保證這樣的事情不會再發生。但沒有想到，在他回去的幾天之後，狀況反而比之前更糟，這讓我十分困惑。根據以往的經驗，即便客戶在回去後的第一個禮拜身體狀況會稍差，但心態上應該會有所好轉才對。

後來在與個案的父母對話中，我突然發現我們都過於專注在跳水上，忽視了他真正害怕的事。我想起他在催眠過程中不斷重複的句子：「明明是我如此信任的人，怎麼可以把我推下水？」這讓我意識到，過去半年來，父母總是不斷告訴他：「你只要鼓起勇氣，勇敢地跳下去就可以了。」這句看似鼓勵的話，對一個背對著水會極度沒有安全感的人來說，所感受到的衝擊就如同「我明明這麼信任你，你怎麼可以推我下水？」一樣強烈。

父母應該做的不是一味地鼓勵他勇敢，而是應該先安撫他害怕背對水的恐懼。當內在的恐懼沒有得到安撫，父母又不斷督促，這種被背叛的感覺自然會越來越強烈，導致個案的恐懼感越來越嚴重，沒有任何舒緩的跡象。

當然，在與個案父母分享我的看法後，他們也有些無奈。對奧運選手來說，學習克服恐懼，挑戰自己的極限，是理所當然的事。因此，當他們面對自己的小孩被恐懼支配時，不禁懷疑：「難道因為他恐懼，就要他放棄跳水，而不幫助他克服恐懼嗎？」

這當然不是我的意思。身為父母，我當然會想辦法幫助小孩克服恐懼。以我的兒子怕水為例，我花了整整九年的時間幫助他克服，過程中，我並不是一味地告訴他：「你要勇敢，水沒有什麼好怕的！」而是不斷告訴他：「你不用怕，因為我會一直陪在你身邊，直到你完全克服。我不會讓任何事情發生在你身上。」

於是我跟個案的父母說，與其急著說服孩子克服恐懼，嘗試後翻跳水，是否更應該先安撫他的情緒，並重新建立彼此間的信任？重要的是，你們應該讓他知道，今天無論他跳得好不好，你們都會陪伴他一起克服這個難關，而不是讓他覺得你們之所以鼓勵他克服恐懼，是因為你們期待他能夠參加全國大賽。

之所以分享這個例子，是因為我希望各位意識到，在現今社會裡，我們很常覺得人生中一旦遇到什麼問題，只要修理好就沒事了。特別是當人們面對精神上、生理上，又或者是心理疾病時，也往往是以相同的心態面對。你們或許很常聽到「你只要多出去走走、曬曬太陽，就不會有憂鬱症。」又或者是「你就是想太多才會生病」等句子，這些全都是以「把問題修理好就會沒事」的心態所產生的建議。

可是讓我們回到我的個案。很多時候，我們自以為是的「修理」，不一定能夠真正解決對方的問題。就好像我和個案的父母都認為，任何恐懼都是「只要願意去做就可以克服」的事，卻從來沒有思考過，男孩的記憶中傷得最深的從來就不是「跳水」，而是「被背叛的信任」。

同樣的，當人們憂鬱時，他們並非不知道該怎麼讓自己變好，而是沒有心力做那樣的事。他們缺乏的是動力，不是方法。所以很多時候，他們想要的並不是解決方法，而是希望有人能夠陪伴自己。就好像你工作了一整天，回家後只是單純地想要發洩壓力，而不是需要任何人批評指教你的日子應該怎麼過。試想一下，如果連我們在正常狀態下都很討厭他人的批評指教，那麼那些正經歷人生低潮、心中充滿無力感，又害怕把負能量渲染到朋友身上的人，會希望得到什麼樣的對待？

其實很多時候，我們並不需要任何人指導我們該如何過日子，又或是為我們做些什麼，而是想要單純的陪伴。也就是說，與其研究一大堆資料，努力地想要改變他們的生活，或許你可以做的是提供陪伴；單純地陪他們看部電影，又或者喝杯咖啡。你不一定要為他們的人生提供任何建議，也沒有義務幫他們重整。因為有些時候，當你急著校正他們的生活時，也間接向他們透露著「你有問題」。同樣的，不給任何建議的陪伴，也間接傳遞了「無論你經歷什麼樣的問題，我都願意陪伴在你身邊」的訊息。

有時候，這樣的陪伴反而讓人更有信心地面對種種困難，因為沒有人喜歡孤單的感受。在過去接觸過的個案裡，我看過許多客戶面對人生低潮時，真正想要的並不是任何人的解決方法，反倒只想要單純的陪伴，藉此感受自己原來並不孤單。所以，如果你的親友也患有憂鬱症，而你不知道能夠為他們做些什麼，就多花一點時間陪陪他們吧。或是溫柔地問他們：「我可以為你做些什麼呢？」

我對天使數字的詮釋

——對應頻道309集

這篇文章想要與各位討論我對於天使數字的詮釋。但在進入主題之前，還是要先聲明，我不懂天使數字，所做的分享也不是標準答案，只是單就這些年觀察所得出的結論，在此分享我個人的觀點。

天使數字基本上就是連續重複的數字。例如：111、222、333……通常是連續三到六個左右的數字才會稱作天使數字。通常人們看到這種數字的時候，都會想知道這些數字背後所表達的意義。

在我很小的時候，由於還沒有進入數位科技時代，看到連續相同數字的機率並不高。比較常看到的，是時針跟分針重疊在一起，這時候人們會說表示有人想你。而天使數字是在進入數位科技時代後比較常見的，通常在看到天使數字的時候，人們會說表示有天使在身邊。只不過這樣的論點很快地便被我推翻，因為每當我看到天使數字，我總是看不到理應伴隨的天使。

這也讓我開始研究自己為什麼會看到這些數字，以及這些數字背後的含義，我也因此慢慢研發出一套屬於自己的理論。我個人覺得天使數字比較像是靈魂導師、高靈、天使，又或是任何靈體想要與你溝通的方式。

你們可以透過自己的詮釋找到與祂們溝通的方法。如果不知道如何詮釋這些數字，就暫且以我的個人理論提供各位參考。

對我來說，天使數字有點像是其它次元要與我們溝通的摩斯密碼。它不一定都是以相同數字呈現，有時可能會是奇怪的組合，又或是只對我有特殊意義的數字與符號。至於是誰想要與我溝通，就取決於我看到數字的約莫半個小時以前想到的問題是什麼？又或者對象是誰？那麼所看到的數字往往就是要回答那個問題。

數字從1到0，每一個數字對我來說都有它所呼應的訊息與圖形。如果1代表的是一直線，那麼2就是兩條平行線，3是三角形，4是正方形，5是圓形，6是梯形，

7是菱形，8是無限大的形狀，9是倒梯形，0則是橢圓形。（記好，這只是我個人研發的結果，並非天使數字的標準答案。）

0對我來說比較像是重新開始、重生或結束。就好比複雜的情緒必須沉澱後重新開始，或是一切要從頭開始，又或是一切結束時，我都會看到0的數字或圖形。

9的倒梯形（漏斗型）對我來說比較像是事物的發芽階段。很多時候當我們全心投注在發展一件事，卻遲遲看不到任何跡象時，不免會覺得惶恐與自我懷疑。這時出現的9，往往是在告訴我所有元素都在醞釀中，只是還不到成形階段。通常這個時候我會讓自己暫時放下「結果為什麼還沒有出現」的執著，繼續專注在所做的事情上。

8出現的時候，比較像是兩個事件將開始重疊、交錯與互動。在這個階段，我會稍加留意最近是否出現任何相關的人事物，可以協助我的工作。

7的菱形比較像是人們需要明確的方向或指引，或是對的時機。如果一些人事物出現了，卻被我忽視，我也很可能會時常看到7的天使數字。

6對我來說是等待的意思，可能有些時候太過於急躁地想要讓某件事情發生，這時如果常常看到6，是叫我再有耐心一點。6的梯形與9的倒梯形對我來說不太一樣，6通常是有一點起頭，但不是那麼確定。9則是暫時什麼都沒有，只要先專注在所做的事情上就可以了。

5通常是萬事俱全的感覺。它代表的有點像是我們的五官、五臟，也就是所有元素都已經到位的意思。所以它代表的圖形是圓形。

4代表的圖形是正方形，表示所有的事情不但具備，還有明確的方向、雛形與架構。它往往也代表著肯定的意義。

3所代表的三角形，表示所有元素都已俱全，並有穩固的基礎。也就是說，你的方向是明確的，也有穩固的中心，並吸引著所有元素朝你靠近。

2所代表的兩條平行直線，通常是指你跟某個人事物正在平行共進的階段。就好比人們會好奇自己在提升的同時，靈魂伴侶是否也在成長？這時的你很可能就會看到2的天使數字，代表你們正以同樣的步調前進著。

1則是所有元素都已經連成一條線，蓄勢待發。有時候1的出現也表示我應該重視自己，重新審視自己的立場與原則。

我往往會根據所問的問題，再以呈現出來的數字回答。如上所說，對我而言並非所有天使數字都是連續的數字。有時候天使數字可能只是普通的數字，但在我的眼裡，它像是外面包圍了一道銀光似的，會顯得格外突出。就好比如果我面前出現的數字為135，那麼它代表的很可能是要我先注意自己，審核自己的立場與原則，再檢查是否萬事俱全，並蓄勢待發。如果我一直注意到1003（我的生日），表示應該多花點時間照顧好自己。

許多人認為4是不祥的數字，但對我來說，看到4是一種正面的回應，再次確認我所問的問題。有時候，連續的1也可以代表肯定，而連續的0則可以代表否定。就像有人覺得一直看到紅燈是種否定，而一直看到綠燈是種肯定，是一樣的意思。

有時候數字也可以代表特定的人，就好比1會讓我聯想到自己，2會讓我聯想到老公，3則會讓我聯想到特定的朋友一樣。但這樣子的答案並非絕對，有時人們會以看到某個人的生日數字來代表那個人，像是一直看到已經往生的父母生日數字，可能代表著父母在自己身邊。又或者一直注意到朋友的生日數字，很可能代表著朋友正想著你，又或是該打電話給對方了。

又好比5除了上述的意義之外，對我來說也代表一切都會沒事，因為你已經擁有了萬事俱全的元素，猶如圓形一般圓滿。

所以，我不能解釋天使數字所代表的意思究竟是什麼，也不能確保每當你看到數字就一定有天使在你的身邊。就我的觀察，天使數字比較像是你的大我、靈魂導師、高等靈魂、天使，又或者是其他靈體想要與你溝通的摩斯密碼。前述的分享是我個人對於這些數字的觀感，而你們的實際回答，應該取決於你們對於特定數字的個別感受。其實你們也可以試著記錄下來，當你遇到天使數字的時候，再拿來印證與比對看看是否符合你們對它所做的詮釋。那麼自然可以研發出一套專屬於自己的天使數字解析喔！

黑魔法與暗黑力量

——對應頻道310集

本文要跟大家討論的主題是「黑魔法」和「暗黑力量」。許多人認為黑魔法與暗黑力量是壞人專享的能力，但我希望提供另一個角度讓大家思考。

魔法的好壞基於用途，猶如「光明」往往代表正向，「暗黑」則代表負面的存在。所以「黑魔法」顧名思義是指為了滿足不好的動機所行使的魔法，而「暗黑力量」則是由負面能量延伸出來的力量。

「黑魔法」的用法，可以追溯到中古世紀，使用血做為基礎元素而施展魔法的時代。由於「黑魔法」的動機往往是不好的，所以施法時常會添加有毒的或是邪惡象徵的元素，以增加它的暗黑能量。之所以把黑魔法和暗黑力量併為一談，是因為我覺得它們的力量無論是源自於外界，或是自身，運作原理都是相同的。

有人認為自己一輩子都不會碰到黑魔法和暗黑力量，甚至覺得沒有必要深入研究這樣的話題。但因為宇宙底下凡事都有一體兩面，無論是多麼正直善良的人，也會有黑暗的一面。不願意討論，並不表示它們不存在。

我曾說過，每個人都要學習擁抱自己的黑暗面，唯有懂得安撫自己的黑暗面，才有辦法讓情緒保持在平衡狀態，也才有勇氣面對生活中的種種挑戰。因為生命中不好的事件，往往是為了平衡好的能量才存在，就像人們得經歷過黑暗才會懂得欣賞白晝。黑暗是前往光明的必經之路，這和修仙之人必經魔考是同樣的意思。既然每個人都擁有黑暗面，那麼暗黑力量自然也只是一線之隔。

黑魔法和暗黑力量就跟宇宙的所有能量一樣，除了施法者本身能量強大之外，都需要持續供給能量，才有辦法維持，又或是形成獨立存在的力量。這跟正能量是同樣的意思，如果你每天不斷地餵養正能量，等它發展到一定的程度之後，自然可以成為自行運作的能量。

也就是說所謂「黑魔法（Black Magic）」和「暗黑力量（Dark Force）」其實與

正向力量（Positive Energy）並無本質上的差異，差異只在於人們使用它們的目的。

在十五到十六世紀左右，黑魔法會透過能力較強的人，將所收集的能量集中在特定的人事物上。就好比魔戒裡那只珍貴的戒指，由於製作時的執念完全被融入戒指當中，以致於每個人只要拿到它，腦子總不自覺地出現相同的聲音。物品凝聚的能量多寡與物件大小並沒有直接的關係，任何物品都只是協助能量有個具體的聚集點，而其影響程度則決定於收集能量的密度。通常能量在沒有持續餵養的情況下，往往只要過了三到七天，能量就會開始淡化。

而黑魔法之所以喜歡用血，是因為古時候人們相信血是活化並帶有生命的。它除了帶有供血者本身的能量，往往還帶著他們供血時的恐懼，又或者犧牲時的情緒等等。人們相信以血做為基底，可以為自己所施的魔法，添加一股強大的力量。

許多魔法的初衷是好的，但卻在過程中慢慢黑化。主要是因為黑魔法的形成並不決定於動機，而是源自於慾望。許多人認為自己毫無邪念，也沒有任何慾望，根本不可能助長暗黑力量。但凡事一體兩面，正邪也是一念之間，這裡提到的慾望不一定是負面的，只要人們願意犧牲自己的信念與原則去達到某種目的，就是一種慾望。

惡魔之所以厲害，是因為惡魔習慣躲在正義的偽裝之後。許多黑魔法一開始的動機都是好的，例如希望世界和平、拯救世界……就像慾望也不是壞的，但是當人們習慣為自己的慾望辯解，並漸漸放棄原則時，原有的信念就很有可能在不知不覺中變質。就好比人們為了慾望而犧牲信念與原則，明明知道偷竊是不對的，但覺得為了救人而可以偷竊。明明知道殺人是不對的，但認為以宗教之名除去與自己不同宗教的人就可以……這些說服自己放棄原則的念頭，都是餵養暗黑力量的行為。

許多黑魔法或是暗黑力量都源自於人們想要滿足內在的不安全感。也是因為內心有恐懼害怕，希望透過最快的方法彌補那樣的不安，這也是人們在過程中想盡辦法合理化一切，而慾望也是由此而延伸。有時候，慾望也會隱藏在很簡單的比較句裡，例如：「我想變得比他更好」、「我的信仰比任何人都要重要」等等。

所以如果想要避免在過程中黑化，最好的方法就是學會自我反省，真實地面對內心所有情緒。無論是正向或負面的能量，都可以透過持續餵養而形成獨立存在的能量體。當這股能量開始大於我們自身的能量時，就很有可能影響我們的心智。這也是為什麼不定期審視自己的初衷，檢查自己的慾望很重要，因為這會讓我們盡可能維持在正確的軌道，不讓這樣的能量左右我們的人生。

任何能量在長期餵養下，都會自成一股獨立存在的能量，不是只有壞人才會發展出暗黑力量，只要心裡存在過多的恐懼與慾望，黑化就很可能成為一瞬間的事。就好比當人們習慣用「我（想）比你好」的比較用詞時，其中就隱藏著慾望，而這才是餵養黑魔法或暗黑力量的主要來源。一旦我們的心智受到暗黑力量影響，便會忘了初衷，不計一切代價地達成那個目標。你甚至會說服自己所做的一切都是為了達到那個「善良的、正義的」目的。我說過，暗黑力量習慣隱藏在正義的背後，就好像許多人會以捍衛宗教而殺人，這同樣是暗黑力量發展出來的結果。

只不過這樣的能量既然可以被餵養，自然也可以被取消。除非是能量已經強大到可以獨立存在，否則在一般的情況下，任何能量體只要沒有持續餵養，最多不會存在超過三到七天。

暗黑力量不僅會影響靈修者，也是每個人一生中必經的過程。因為沒有人是絕對的善良，也沒有人會是永久的黑暗，只要學會不定時自我反省，自然可以讓自己不會輕易地受到這種能量影響。之所以與各位分享這個主題，是希望大家不要對它們有任何恐懼，因為它們就像宇宙底下的任何能量，只要沒有經過持續的能量餵養，就不存在任何實質的影響力。只要我們養成審視自己的習慣，聆聽自己的用詞，檢視自己的行為，就不會被這股力量所操控。

以靈媒視角看斯德哥爾摩症候群

——對應頻道313集

本章節想要討論的是「斯德哥爾摩症候群（Stockholm Syndrome）」。「斯德哥爾摩症候群」是一種心理疾病，通常是指被害人在長期受到加害者的控制下，開始對加害人產生心理上的依賴，甚至延伸出情感。其實除了網友的提問之外，我也曾經從電影裡看過「斯德哥爾摩症候群」的案例，而對它感到十分好奇，於是深入研究。

我沒有辦法從醫學角度與各位分享這種疾病，只能單就靈媒的感官分享我的個人觀察。如果各位想了解這種疾病，可以在網上查詢更多資料，或向專業醫生詢問。

我覺得大部分會發展出「斯德哥爾摩症候群」的人，在心理上多半是自卑的。

因為不相信自己，也不認為自己有力量可以做些什麼，對於外在環境大多處於被動狀態。這也使得他們在面對加害者施暴的情況下，經歷了無助、不知所措、挫折感，甚至是憤怒與羞愧的情緒，卻顯少有反抗的心態。由於不知道該如何處理上述種種情緒，又想減少內在的罪惡感，又或是出現那麼一絲他們覺得自己不應該有的反應時，便會不自覺地將所有情緒轉移到加害者身上，進而發展出情感。

如果基於佛教的因果輪迴理論，也就是用任何事情的發生都源自於前世今生的因果報應來解釋「斯德哥爾摩症候群」，被害者與加害者之間的關係一定是前世因果的延續。也就是說，被害者與加害者之間的互動不會只發生在這一輩子，很可能在累世的輪迴裡就發生過類似的情境。但這並不表示這一輩子的被害者在上一輩子就一定是加害者。兩個靈魂之間的互動，往往取決於彼此之間的功課是否得到解決，並讓靈魂得到進化。如果沒有，今生很有可能會遇到與上輩子相似的平台與挑戰。

所以從靈性角度來看，「斯德哥爾摩症候群」的產生可以被解釋為前世今生的因果循環。每個人都有自己應該面對的功課，每一段關係的產生大多建立在前世的因果關係上。因為在過去沒有解決的問題，永遠會成為下一個必須面對的考驗，也極有可能以相同的模式呈現在我們的面前。

但若是以心理層面分析「斯德哥爾摩症候群」，它更像是我們常說的「物極必反」。當一個人的內心狀態達到某種極限，無法再承擔任何壓力時，這股無法突破的力量，自然會以反向方式操作，這是一種靈魂自我保護的本能。

假設被害者長期活在某種是非對錯明確的規範底下，但是當他們在面對加害者施加的錯誤行為時，卻產生極少部分享受的感受，他們就會花更多心力否定這種感受的存在。但當人們越是想要否認某件事，往往只會更加放大那件事，等到他們無法再抑制那樣的感覺時，就會將它合理化。這也是被害者會開始對加害者產生情感轉移的原因。

被害者往往覺得，雖然不喜歡對方施加在自身的行為，但是更對自己的反應感到羞愧。這種羞愧會讓他們更加貶低自我價值，又或是還原內在小孩子的種種恐懼。如果在這個時候，加害者某一些表現又剛好可以滿足他們內在小孩子的匱乏，就更容易協助情緒轉移。受害者往往會透過辯解加害者的行為來減低自己內在的羞愧感或恐懼。因為這樣的話，他們就不是被強迫有那樣的反應，而是心甘情願。

至於為什麼會有這樣的平台產生？我曾說過，靈魂會選擇不一樣的極端輪迴協助自己慢慢地找到平衡的標準。如果一個人全然相信自己的信念是絕對的真理，這樣的執著就有被打破的必要。任何平台安排最終都是為了協助靈魂的進化。我們不能理解為什麼要安排如此極端的平台，但也必須信任這鐵定是兩個靈魂在還沒有投胎之前就已經做好幫助彼此進化的協議。有些人需要比較溫和的方法融會貫通，有些人則需要比較偏激的手段促使進化，但無論過程是什麼，鐵定都是靈魂導師最好的安排。

所以它不一定適用所有人，也不一定每個人都可以理解。我也只能以靈媒的視角與各位分享這些年的觀察，它不一定是標準答案，只是統合這些年來觀察到的相同模式。

「斯德哥爾摩症候群」被我歸類為心理匱乏所產生的疾病。由於對自我價值的否定，藉由情感轉移，將不對的行為從自己的信念裡轉變成合理且可以被接受的行為，才會衍生出這樣的症候群。若想更深入了解，還是向專業醫師詢問喔！

批判的思考只會阻礙你的靈性成長

——對應頻道318集

有人問我：「靈性到底是什麼？」一直以來，人們都覺得靈性是需要不斷地向外尋找，無論是透過看書、上課、靜坐冥想的方式，或是幫助自己理解的神祕學說。更有許多人認為靈性是新時代的宗教信仰，又或是一種難以捉摸的技術或特殊力量。

但對我來說，「靈性」並沒有那麼神祕的意義，只不過是代表「靈魂的本性」罷了，也就是每個靈魂與生俱來，以及最想達到的自然狀態。既然如此，為什麼有那麼多人把靈性包裝得像奇門遁甲般艱深，讓我們覺得它是必須透過鑽研學習才能提升自己的工具？這主要是因為我們已經習慣以邏輯來掌控生命的思維模式。

雖然這樣的思維模式可以短暫地滿足我們的物質需求，但是當我們過度依賴邏輯過日子，又總覺得內心好像少了什麼。這種感覺也是人們之所以對靈性產生興趣的主要動力，因為當我們的物慾富足，靈魂卻感到匱乏的情況下，自然會想要充實身心靈其他領域，以滿足自身的平衡。

我們之所以輪迴投胎，就是為了協助靈魂找到身心靈三方位平衡的方法。簡單來說就是我們的邏輯思考、情緒以及靈魂彼此間找到相處的共識。背景、環境、教育與文化，都會建立我們的邏輯意識，我們的情緒也往往會受到這些意識主導。但是掌管情緒的心不只會與邏輯連結，也時常與靈魂相互交流。我們的靈魂也常常透過潛意識影響著主觀意識。這也是為什麼當我們所做的事不是靈魂想要的方向時，內心會不自覺地產生排斥感。

許多人追求靈性的提升，都只是希望讓自己的靈魂變得更成熟、有智慧。其實，追求靈性的提升並不難，只要開始學著與靈魂連結，理解它投胎的目的，以及想要學習的功課就可以了。當你願意面對自己內在的恐懼，自然會從過程中得到進化。這也是我們需要用情緒做為靈魂是否進化的度量衡的主要原因。若是沒有情緒做為標準，我們無法知道自己是否做完功課了。

我覺得如果真的想要在靈性上得到成長，最簡單的方法就是學會**把生命中批判的字眼拿掉**。不讓自己扮演判官的角色，而是全然接受生活中任何事件原有的樣貌。

許多人為了追求靈性的成長，拚命地研讀任何可得的書籍與經文，到最後還是鬱鬱寡歡。他們常常讓自己活在比較之下，不是覺得自己做的沒有其他大師來得好，就是覺得自己知道的明明比別人多，又為什麼總遇不到伯樂的賞識……人們常常忘了，靈性成長的基礎在於過好自己的日子，而不是批評他人。

人們選擇靈性的道路，一旦稍有收穫，便容易進入自滿自大的階段，進而用批判的心態看待他人，這也是我曾提到的「靈性傲慢」。但我今天想要強調的是，一旦人們抱持這種批判與比較的心態，他們的靈性自然會進入停滯階段。批判與比較只存在於人類的邏輯裡，宇宙底下其實並不存在是非對錯、高低好壞，萬物都是以它應有的樣貌呈現。

這也是批判的思考會阻礙靈性成長的原因，因為批判的思考本身就是由邏輯意識所架構。一個人的背景環境會塑造他的主觀觀念，任何事物都必須透過這個主觀觀念的衡量，才會有好壞高低的比較出現。有比較才會有批判，越是依賴邏輯，自然會離靈魂本質越遠。

不管在人類的觀念裡面是好是壞，宇宙底下的任何事物都有其存在的道理。猶如這世界上每個靈魂都有它自己的功課與成長的道路，不是任何人可以替祂決定的。所以我一再強調，一個人如果想在靈性上得到成長，最快的方法就是先學會放下批判的思考模式。**宇宙的根本在於尊重，也就是每個人都有其存在的意義。**

因此，我鼓勵大家在面對生命中的事物時，不要急著批判，而是尊重每一個人、每一件事的存在。當你放下批判的思維，你會開始與靈魂重新連結，也會發現原有的靈性能力逐漸回歸。所謂靈性不單單是只限於挖掘自己的靈魂本性，而是當我們可以學著理解所有有靈之物的存在意義時，我們自然而然地也會找到自己存在的意義與價值喔！

在找靈媒諮詢以前

對應頻道319集

這個話題不單單只是針對靈媒，也包括任何算命師、星象師、占星師、塔羅牌師、人類圖師、易經、奇門遁甲、紫微斗數、薩滿、靈氣療癒、阿卡西療癒、NLP……你懂的，就是所有繁不勝舉，可以幫助你探索前世今生與解流年命盤的人。

我知道在人的一生中，難免會對自己的命運感到好奇。但是各位是否思考過，真的每個人都適合解你的命盤嗎？本文想要以靈媒的立場，分享一點個人的感想。

有一陣子，我的粉絲數暴增，許多網友只是看了我一兩集的直播，就迫不及待地想要預約我的諮詢。但是我的諮詢要價不低，再加上說話直接，可能不是每個人都會喜歡。更多時候，可能會讓人有種不但被我騙了錢，還會被我罵的感覺。幸好現在已經不再接諮詢，否則可能會面臨更多相同的抱怨。其實我在很久以前就已經分享過：如果希望透過靈媒的能力來協助自己分析不可預測的未來，靈媒自身的背景、文化、環境、知識……全都是應該考量的，這些因素會影響他如何分析自己接收到的訊息。大多數的靈媒都不是逐字逐句地傳遞靈魂所要傳遞的訊息，往往是透過自己接收到的「印記(Imprint)」，再搜尋記憶裡最相似的感覺與句子來詮釋與註解。因為所謂「訊息」一般都不是以文字的方式呈現，比較像是一種全面的感應。

因此，解釋這些訊息的時候，靈媒自己的知識、智慧與經驗，也會決定他們以什麼視角觀看這些訊息，以及用什麼樣的方式表達。這也是我一再重申「靈媒的背景很重要」的原因。如果他有強烈的宗教背景，他解釋的角度可能就會帶有濃厚的宗教意味。如果這個靈媒是悲觀的，他傳遞的訊息裡可能會出現很多未來可能出現的災難。而一個正向的靈媒，即便看到不好的未來，也會試著協助你看到這件事可以帶給你什麼樣的啟發。

又或者，一個習慣找解決方法的人，即便在你的未來看到了難題，也會試著協助你找到解決方法。主觀的靈媒會用自己的方法解決你的問題，同理心過重的靈媒會用你的立場思考解決方法，有時候可能會不小心跟你一樣陷入同樣的困境裡……反正你們知道我要表達的意思，就是每個靈媒詮釋出來的訊息，絕對會受到他的背景影響而不同。

你與解讀者之間的背景差異越大，你與他的認知誤差也越大，這會使你無法理解他所要傳遞的訊息究竟是什麼。同樣地，如果你與對方的背景越相似，你們的認知誤差也會越小，越容易幫助你理解對方要表達的訊息。

舉個例子來說，我很喜歡吃70%的黑巧克力，但我的個案喜歡吃白巧克力。在我接收到訊息之後，我覺得自己形容牛奶巧克力偏甜，是再中肯不過的解釋，但這個回答對於喜歡白巧克力的客戶來說卻是完全錯誤的。因為我形容的「甜」，對他來說是苦的。

站在雙方的立場來觀看這個答案，兩個人的描述都是對的，但是對他們來說，卻都覺得對方的答案不正確。因此，更容易在偏見形成的當下對彼此產生誤解。

宇宙底下並沒有所謂真相。所有「真相」大多是人類的主觀觀念創造出來。對你來說的真相，在他人眼中可能只是個謊言，因為每個人能理解的「真相」大多建立在自己能夠產生共鳴的經驗上。

最典型的例子大概是基督教不相信輪迴，佛教卻深信不疑。從他們各自的立場來看，兩者相信的真相都是真的。但是如果換位思考，兩者說的都不是真的。宇宙底下，凡事沒有是非好壞對錯的差別。每一件事的發生都有它的原理。

宇宙底下的所有訊息都一樣，但每個人註解出來的訊息各有不同。所以我一再提醒大家，在找靈媒、占星師等人諮詢之前，先花點時間了解他們的背景、文化、說話方式、個性和想法……可以幫助你們找到與自己頻率相同的人，也可以減少彼此間的認知落差，更輕易地理解對方所要傳遞的訊息。

當然，很多人覺得靈媒傳遞任何訊息都應該站在中立的角色。但這又回到上述的例子。一個喜歡黑巧克力的人以中立的立場解釋了牛奶巧克力有點甜。即便在他的感官裡是非常甜的，這讓他覺得自己已經很中肯地分享了感受。可是這樣的形容，對於喜歡白巧克力的人來說，不但不中立，還完全錯誤。因為他覺得白巧克力以外的任何巧克力都太苦了。

總之，如果你希望藉由他人的能力來協助你解決問題，就先找頻道相同的人。他才有辦法用你的角度思考問題，並以你可以接受的方法協助你處理。多花一點時間了解對方，才能更有效地得到你想要尋找的答案。

我相信所有占星師或靈媒其實都已經盡最大的可能，試圖幫你解決問題。或許他們給的答案不符合你的期待，我還是希望可以給予彼此一點尊重。如果不滿意結果，就客氣地說聲謝謝後離開，下次不要再找對方即可。而不是讓自己陷入無限的抱怨與批評的循環裡，因為這樣的能量遲早要由你來消化喔！

荷歐波諾波諾大我意識法與藍色太陽水

——對應頻道338集

本章節想要討論Ho'oponopono（荷歐波諾波諾大我意識法）與藍色太陽水。

Ho'oponopono是一種夏威夷的靈性咒語，用意在與自己和解，基本信念為：「對不起」、「請原諒我」、「我愛你」以及「謝謝你」。

朋友曾經對這個療法十分著迷，加上那陣子常常在網路上看到許多人分享藍色太陽水，使得我對它也開始產生強烈的好奇，想知道為什麼大家都瘋狂迷戀藍色太陽水，以及其功效究竟是什麼。或許是因為內在的好奇心驅使，我想進一步知道太陽水為什麼只能使用藍色的玻璃容器？難道不能使用其他顏色或材質的容器嗎？就連瓶子上的瓶蓋也不能是任何塑膠用品，必須是木塞或玻璃瓶塞。

因為這樣的好奇心，開啟了我接下來對於 Ho'oponopono 與藍色太陽水的一連串研究。我先是拿一般的玻璃杯裝水，曬日正當中的太陽，但原本只需要日曬一個小時的水，我卻因為忘記時間而整整曬了五個多小時。當我飲用這杯太陽水的時候，第一口的感覺是灼熱感，像是喝了一杯很濃厚的濃縮咖啡。水裡面的能量如同氣泡水，在進入體內之後以很快的方式發酵，並讓人體吸收，頓時給人一種精力充沛的感覺。但這樣的感覺對於當時的我來說卻是有點不舒服的，就如同睡前喝下濃縮咖啡。這讓我懷疑是不是因為我讓它置放在太陽底下過長的時間。

於是第二天，我照著人們的建議，只日曬一個小時，但它同樣給我猶如濃縮咖啡般的濃厚與灼熱感。這讓我發現，無論這杯水是放在太陽底下日曬一個小時，或是五個小時，都會帶給人精力充沛的活力感。

接下來，我嘗試把水裝在淺藍色杯子裡。雖然同樣置放在太陽底下，但這杯淺藍色的水卻在日曬後延伸出兩條不同的振動。一條是原本太陽製造出來精力充沛的振動，另一條則是屬於比較緩慢、幾近小憂傷的振動。這樣的振動緩衝了單純太陽水那股強烈又具有衝擊力的振動，也讓一開始一湧而上的能量遲緩了些。大約十五到三十分鐘後，這兩條不一樣的振動慢慢融合成較為舒緩的振動，讓原本後勁很強的精力充沛感頓時溫和許多。

因為這個發現，我隔天特地買了深藍色的玻璃瓶回來測試，結果發現深藍色容器竟然會為水創造出另一種較深、較緩慢的振動，比先前的淺藍色容器更沉重一些，像是隱藏在內心深處的哀傷感。同樣地，在十五到三十分鐘左右，這股振動會開始與太陽製造出來的振動產生融合，形成較為沉穩、平靜的感覺。

這讓我理解，為什麼人們喜歡用深藍色玻璃瓶製造太陽水，因為這樣的結合可以創造出較平衡和平穩的能量。而其中的能量振動，因為帶有內在的哀傷，又同時擁有太陽賦予的活力，所以讓人更有勇氣面對那些一直隱藏在內心的情緒。

所以，如果淺藍色分化出來的振動屬於「小哀傷」，那麼深藍色延伸出來的振動就是「深層的憂慮」。但由於它們與太陽水的能量相互結合，因此反而會製造出相互平衡的能量。

這也讓我更加好奇，不一樣的顏色是否會為人們製造出不一樣的效果。於是我挖出家裡各種顏色的杯子，每一天都嘗試用不同顏色的杯子製造太陽水，並觀察它們產生的振動有何不同。以下是我觀察幾個顏色製造出來的效果：

綠色：很像春天發芽的感覺，有點雀躍又蠢蠢欲動的振動。配合上太陽水，會讓人產生方向感與行動力，適合為生命感到迷惘的人製造一點明確的方向。

黃色：黃色的感覺像是豐收的秋天，它延伸出來的是一種滿載而歸似的沉穩振動，也讓人有腳踏實地的感覺。如果生命中缺乏踏實感，黃色是個不錯的選擇。

橘色：這對我來說就像芬達汽水，有點甜甜的，又帶點興奮與期待的感覺。挺適合那些覺得日子乏味，期望重新感受生命熱情的人使用。

紅色：或許是紅色本身的振動屬於密集度比較高的，與太陽水的能量又極其相似，所以在與太陽水的能量混合後，反而製造出全力以赴般的振動，適合想要有衝勁的人使用。

這些顏色是我單就太陽水的實驗與研究，僅供各位參考。在之前的文章中也曾與各位分享過，在水容器外貼上不一樣的標籤，也可以改變水本身的能量。有興趣的朋友們可以參考日本水博士江本勝的研究。他表示，水需存放二十四小時後才會改變其本身的能量，但就我的實驗觀察來看，任何五百毫升的水在貼上標籤後只需要三個小時左右，便可以改變本身的能量（水的份量愈少，所需的時間就愈短）。因此，如果各位有興趣做實驗，可以嘗試改變水容器的顏色，或是使用標籤來改變水的能量。

由於Ho'oponopono（荷歐波諾波諾大我意識法）常與藍色太陽水一起使用進行療癒，這也讓我很好奇這樣的搭配對人體會產生什麼樣的反應。Ho'oponopono的核心是由四個句子構成：「對不起」、「請原諒我」、「我愛你」以及「謝謝你」。

許多人剛接觸這個療法時會感到抗拒，主要原因是他們誤以為這裡的「對不起」是針對自己曾經對不起的人所說，好像只有這樣，自己的靈魂才能得到救贖。但實際測試後，我認為療法中的「對不起」並不是對他人說的，而是對自己的靈魂說的。更像是：「對不起，這些年我都忽視你了。」或是：「對不起，這些年我委屈你了。」透過這一聲道歉，讓自己的內在重新感受到被重視。

「請原諒我」也是對自己的內在小孩所說，希望他能夠原諒自己這些年來對他的忽視。例如：「對不起，請原諒我這些年讓你受苦、難過了。」或是：「請原諒我不斷讓你失望，又讓你孤單地承受所有痛苦。」甚至是：「原諒我不斷抨擊你的不夠好、不夠漂亮、不夠聰明，卻從來不願意給你一聲讚美。」這些全是可以請求自己內在小孩原諒的話語。

「我愛你」則是對內在小孩表達愛意，表示從此時此刻開始，你願意重視他的感受，盡己所能地保護、照顧他，給予他無條件的愛。

最後，用「謝謝你」感謝內在小孩一直以來的陪伴。當你以為全世界都拋棄你，他仍然無怨無悔地陪伴著你，聆聽你的哀傷與抱怨。如今，你開始知道如何好好對待自己，並願意花更多時間學習如何愛自己，也因此感謝他未來的陪伴。

Ho'oponopono 的「對不起」、「請原諒我」、「我愛你」以及「謝謝你」，其實並不是要你張開雙臂擁抱他人，而是為了療癒自己。透過這樣的意識，配合太陽水賦予的能量，勇敢地學習愛自己。這不僅讓自己感受到內在一直以來所做的一切，也幫助自己跳脫自我批判的習慣。

透過 Ho'oponopono 的這四句話，內在會開始感受到被重視，這也是藍色太陽水之所以有效的主要原因。

無論是透過藍色太陽水、Ho'oponopono、冥想音樂還是內在小孩療癒，我認為只要讓內在感受到你願意為他做點什麼，就已是在療癒的路上了。只要學會鼓起勇氣，真誠地面對自己的問題、恐懼與情緒，真實地體驗人生，努力協助靈魂活出他想要的模樣，我相信就是最好的療癒方法。

這篇文章只是基於實驗者立場，與各位分享這段時間所做的觀察結果。由於我並未長期使用，因此無法分享長期使用後的效果。但以靈媒的角度來看，日正當中的太陽水確實充滿著濃縮般的能量，如同加倍的濃縮咖啡。它不一定適合所有人，但若配合 Ho'oponopono，鐵定可以對人產生一定的療癒效果。不同顏色的容器會延伸出特有的振動，與太陽水的振動融合後，形成獨特的能量。提供各位參考。

能量是否會被偷

——對應頻道340集

在本章節想要討論「能量有沒有可能遭竊」，之所以有這個話題產生，是因為某些靈性大師指稱我的直播裡藏著女巫，而我會藉著直播偷取別人的能量。所以，我想藉此討論能量有沒有可能遭竊。

相信各位一定很常聽到我說：「靈魂是個會自行發電的能量體，裝著靈魂的你們就像會走路的燈泡。」之所以這麼形容，是因為靈魂本身並沒有實體，祂比較像是光能量，可以透過一個人的狀態而自行供給電力。

當然，一提到「供給電力」，很多人就會開始懷疑與擔心電力從何而來？如果用完了怎麼辦？如果被偷走又怎麼辦？這感覺就像隔壁鄰居偷接了你家的電路線，在你毫不知情的情況下，免費地使用你家的電力XD。

所以請允許我再次重申：靈魂是一種有意識，又可以「自行發電」，並提供能量的能量發電機。你個人的身心靈狀態會決定你是否有能力自行供給所需的內在能量。如果你的內在充滿擔憂與恐懼，能量除了會大量內耗，也很容易受到外在環境影響。大多數的情況，是因為某件人事物的發生導致後續的情緒起伏，才是真正耗損能量的主要原因。同樣的，如果你不是那麼容易受到外在環境影響，那麼能量自然不會因為任何人事物而有耗損。

讓我換個方式解釋這樣的問題。假設有人在網路上看了一部陰謀論的影片，該影片可能只有短短幾分鐘，但是在看完影片之後，那個人卻開始害怕世界末日到來，又或者深信自己絕對置身於陰謀論之中。隨著這些思緒不斷地在當事人腦子裡發酵，他自然就會有種精神/能量耗損的感覺。

在這樣的情況下，真正消耗能量的其實不是那支陰謀論的影片，而是**你允許**不真實的假設影響自己的情緒，甚至斷定自己的未來一定會受到它的影響。所以，在看完影片後的每一分每一刻，你的所有能量都被內心深層的恐懼給消耗掉。

同樣的道理，一個內心堅定的人不會因為他人的閒言閒語而改變內在的感覺。即便他連續看了十支陰謀論的影片，內在也不會因此受到任何影響，或因為所看的影片而有任何情緒波動。在這樣的情況下，因為他並沒有將掌控自身的能力交付於任何外在事物上，其能量自然不會有任何耗損，因此也不會把自身能量耗損與該影片做任何連結。

所以，如上所說，你的能量增加與耗損全都取決於個人的狀態。由於人生是高低起伏的，能量不會一直維持在同一種狀態。可能在狀態低落時，會覺得自己的能量耗損非常快，但在人生高峰時，則可能覺得自己有滿滿的能量，甚至可以與身旁的人分享。

所以，能量有沒有可能遭竊呢？相信各位現在都有很清楚的答案了。這不僅是不可能的事，而且就算真的被偷，也絕不會在你毫無意識的情況下發生。

當然，即便如此，還是有許多網友與我爭辯：「可是有能量吸血鬼啊？！他們是真實存在的！我只要跟 XX 在一起，就感覺自己的能量全部被對方吸光……」我並沒有說過能量吸血鬼不存在，我只是說沒有人「偷」得了你的能量。

如果各位了解上述道理，就會清楚所謂能量吸血鬼並不是真的吸食了你的能量，而是你允許他影響自己的心情，進而耗損自身的能量。如果不相信，可以試著聆聽陌生人抱怨一件完全與你無關的事，然後看看自己的能量是否受到任何影響。

我之所以這麼解釋，是希望各位可以清楚了解——損耗能量的主權在你手中，而不在任何人手上。

當然，我也說過，宇宙底下萬物都是一種振動。在彼此都是振動的情況下，任何振動都一定會受到彼此的影響而相互調和。正向的人長期跟負面的人在一起會變得比較負面，而負面的人長期跟正向的人在一起，自然會變得比較樂觀。這是宇宙底下不變的定律。但即便如此，這樣的情況也絕對不會在你毫無自知的情況下發生。你會感覺到一個人滿口抱怨，讓你心煩，也會感覺到自己不想再跟那個人靠近。對方要成為能量吸血鬼，也得在你願意的情況下才有辦法完成他的吸精大法啊！

重點是，振動相互調和需要時間。也就是說，你必須與對方長時間相處，才有可能受到對方長期的影響。雖然有些負面的情緒是瞬間的，但往往你也會發現，當對方離開你的振動範圍後，你的情緒會很快恢復。所以，「偷」這個字在能量互換上完全不存在。你有沒有受到對方的能量影響，取決於你是否把他的話聽進心裡。

當然，也不是每個讓你感到能量耗損的人都是能量吸血鬼。我之前的文章提過，只要兩個人的振動幅度差距太大，就會覺得對方不適合自己。但同樣地，這種情況發生時，你會非常有感覺。

我想說的是，一個人的能量不是像你家的電路線，可以在你不知情的情況下被偷接去使用。往往是因為你給予了對方權限，他們才有辦法以極快的速度消耗你的能量。這大多是因為他們是你的家人、朋友、另一半、小孩、同事……允許他們的一舉一動影響自己的情緒，才是導致你能量急速消耗的原因。

如果光看一個人直播，就讓你感覺能量被消耗，很可能是因為你對這個人討論的主題存在某種恐懼與擔憂。

既然我說靈魂是種能量體，那麼人與人之間的互動本來就是能量交流與交換的行為。喜歡的人會成為你的朋友，討厭的人只會成為你的敵人。但這樣的事情絕對不會在你完全沒有感覺的狀況下發生。

不過，既然靈魂的能量可以自行生成，那麼即便遇到再不喜歡的人，只要離開對方或好好睡一覺，耗損的能量自然也會補回來。所以，當身旁出現讓你感到能量被耗損的朋友時，你也可以與對方劃清界線，不再往來。

能量低落時，改做自己喜歡的事，例如看書、跳舞、寫字、畫畫……你會發現自己的能量恢復速度比較快，而不是讓自己一直活在「對方是不是會偷我的能量」的恐懼之中，卻一直靠近對方。

靈魂充電的方法很多，做自己想做的事，絕對是首選且最快速的方法。因為各位應該發現到，做讓自己開心的事時，往往也會覺得自己充滿了能量。

所以，當各位擔心我的直播會不會偷走你們的能量時，我更希望你們可以問問自己：為什麼自己的情緒這麼容易受到他人影響？如果我的分享真的讓你感到十分困惑或能量耗損，別忘了離開也是一種選擇。唯有當你學會將人生的控制權掌握在自己手中，你才會發現自己有完全的能力創造想要的未來喔！

私密部位的疾病

——對應頻道341集

在此再次聲明：我不是醫生，只是以靈媒角度分享多年觀察，希望成為各位接受專業醫療外的額外輔助。

私密部位的疾病，在女性身上通常統稱為婦科疾病，在男性身上則往往屬於攝護腺或陰莖上的疾病。

本文章討論的話題不限男女，只要是每個人的私密部位，又或者是肚臍以下、鼠蹊處以上的疾病，例如經期不順、子宮頸瘤，或者是男性的攝護腺、勃起問題等等，都在本文的討論範圍。

我曾說：身體只是靈魂的工具，也就是身體反射出來的種種疾病，往往對應著靈魂的設定。如果靈魂感受到沉重的壓力，身體很可能會在壓力對應的位置形成腫瘤。如果靈魂感受到匱乏，身體也會有空虛、無力的感覺。

我們姑且把這一章要討論的疾病稱為海底輪疾病吧。如果人有七個脈輪，海底輪則是每個人的基礎脈輪，反應的自然也是你的根本問題。所以有海底輪疾病的人，往往都有懷疑自我價值的習慣。他們對自己沒有足夠的自信，做任何決定時自然會戰戰兢兢地害怕犯錯。許多人覺得自己的海底輪疾病一定跟前世有關，但並非所有的事都必須牽扯前世今生，很多時候只需要回顧兒時記憶，就會發現有跡可循。

你可以思考自己的童年是不是常有匱乏感、壓力、覺得自己不夠好，又或者覺得自己很笨等等……通常靈魂導師會在五歲以前安排可以盡快還原靈魂本性的平台。在十歲以前，你就可以明確地感受到內心的設定。如果明明感到自己有些問題，卻總是選擇逃避，不願意面對，這樣的感覺就很可能會顯化成身體上的疾病。

當然，許多人認為自己的童年根本沒有任何問題，但「根本沒有問題」本身就是一個問題。它會讓你在出了社會後遇到的每一件人事物，全都變成跟你的童年時期完全不一樣的問題。我們處理任何事情的時候，都一定會先經歷否認期，才會懂得接受。

所以與其反射性地回覆：「不！這完全不是我的問題。」能不能換個句子思考：「如果我真有這樣的問題呢？」特別是當身體已經有這樣的疾病時，我們也許更應該正視內心的情緒。

如果你怎麼都想不出自己的童年有任何問題，可以換個角度思考，每當這些疾病發作，你在面對這些病痛時，心靈上的感受為何？因為靈魂不會騙你，你體驗的感受絕對是真實的。無論是「我不夠男人」、「我其實沒有當女人的資格」、「我痛到好無助」、「我什麼都不行，我什麼都不能做了」……這些情緒反映出來的，都是你根本的問題。這些情緒才是你真正需要面對的，無論是覺得自己不夠好、感到孤獨，還是無能為力等等……我希望各位都可以坦然面對自己的情緒，而不是否定它。

你可以跟它說：「請問我可以怎麼做，讓你感到好過些？讓你不再有這樣的感受呢？」這樣的問題不是針對疾病，而是面對現實生活中感受自己無能為力的情緒。因為一旦正視內心最深處的情緒，便已走在療癒的路上。

大部分的海底輪疾病其實都源自於個人價值的課題。如果你也有相同的問題，與其一味地否定這些問題的存在，更好的方法是正視它們，並協助自己從那樣的感受中走出來。如果你真的覺得自己毫無價值，也別忘了價值是人創造出來的。從開始意識到問題的那一刻，就可以決定未來想要為自己創造出什麼樣的價值。記得，任何的結果都在一念之間，只要願意著手，宇宙會協助你找到答案。

我相信真正的健康源自身心靈三方位的平衡。除了接受正規醫療，也別忘了關注自己的情緒以及靈魂真正想要的究竟是什麼。才可以幫助自己的健康達到最大化的效果喔！

Part 3

身心靈圖書館

關於SRT靈擺、病痛與心理的對應、脈輪是什麼

對應頻道 308 集

問：有一種療法叫做SRT（Spiritual Response Therapy），療癒者使用的道具是靈擺。它的能量運作方式為何？收到的訊息大多是正確的嗎？

答：老實說，我不清楚什麼是SRT，自然沒辦法回答這個問題。至於靈療者使用的道具是靈擺的能量運作為何，之前的文章已有討論。

靈擺的運作方式是依照每個人的身體振動來決定。每個人的體內都有可以自然形成振動的驅動能力，無論是言行舉止、思考，又或者是情緒，都可以產生獨有的振動。當靈擺進入這種振動範圍裡，它的運轉方式就會依照你所產生的振動影響

而擺動。靈療師如果選擇使用靈擺做為療癒工具，通常是透過它來觀察你的振動為何，再決定給予什麼樣的療癒。

至於它接收到的訊息是否正確？一般來說，如果靈療師本身可以維持中立的立場，再讓靈擺從你的振動範圍裡讀取正確的振動模式，那麼很高機率是正確的。但是如果靈療師本身的能場大於你自身的能場，他的能場可能就會決定靈擺擺動的幅度和方向，因為靈擺掌控在他的手中。同樣的道理，如果靈療師想要透過靈擺來療癒，很可能也是想要利用自己的能場來取代，又或是覆蓋你現有的能場。在這個情況下，靈擺只不過是反映出當下能場轉換的狀態罷了。

問：為什麼會頭痛、暈車、胃痛？聽過一種說法，身體的病痛會對應心理狀況，例如腳受傷是缺乏行動力，這樣的說法正確嗎？可以簡單說明一下各部位的對應情形嗎？

答：關於這樣的問題，我在上一本書《情緒，是為了讓你看見自己》討論了各種不同疾病對應的心理狀態。有興趣的人可以參考。

一直以來我都提倡身心靈平衡，也就是身、心、靈三方位可以達到共識的平衡狀態。在很多情況下，如果有頭痛、暈車、胃痛等問題，我希望各位不要第一時間就思考：「我的靈魂是不是出了什麼問題？」對我來說，頭痛是身體上出了任何問題的第一道警報。有可能是生活作息不太正常，飲水不足，又或者是日夜顛倒……這些都可能引發頭痛。至於胃痛，很有可能是因為飲食，而暈車的原因也可能因人而異……這些完全與心理疾病沒有任何關係。

所以如果有上述狀況，首先應該審視的是自己的生活作息是否有可以改進的地方。就像有人只要一緊張就胃痛，那麼可以讓自己多學習不要那麼容易緊張，又或是調節情緒的方法。如果在做了一系列檢查之後，問題還是持續，再回頭思考是不是因為心理上的設定所產生。

但是正常來說，靈魂導師不可能讓我們在面對身體問題時不給予任何暗示。通常如果人們的腦子裡出現「我是不是因為想太多，所以才會頭痛？」的想法時，事實上是他們可能真的想太多了。又或是人們會覺得「我的胸口是不是有什麼積壓的情緒，才會導致心痛？」那麼大多數的情況是因為他們的胸口真的積壓了太多得不到抒發的情緒。同理可證，如果你覺得自己腳受傷是因為缺乏行動力，那麼很大的機率是你真的缺乏行動力。基於靈魂具有獨立個體性，如果你想得到那樣的可能，是因為這個假設適用於你，卻不一定適用在所有人身上。如果想要印證這個想法是否正確，最好的方法是加強自己的行動力，再回過頭審視自己的腳是不是比較不容易受傷。想太多的人也可以試著不要想那麼多，看看是否能減輕無法解釋的頭痛。通常靈魂設定要反映到身體上，最快需要三個月左右的時間。

讓我再重申一次，我相信真正的健康來自於身心靈平衡。過度鑽研於某一方，都會導致三方不協調，而讓身體產生問題。

問：脈輪是什麼？如何開啟跟清理？

答：脈輪源自古梵文的 Chakra，意思是 Wheel。Wheel 在英文裡面可以指名詞的輪子，也可以是動詞的輪盤轉動。

我曾說過：靈魂是一個能量發電體，任何言行舉止、意念想法以及情緒都可以產生振動。這種輪盤轉動般的振動，往往只會出現在有接收與傳送功能的部位。這些部位恰巧與人們熟悉的七脈輪位置相對應。也就是說，所謂脈輪應該都有傳送與接收的功能。

至於如何開啟？既然有傳送與接收的功能，那麼所謂開啟應該就是脈輪在執行傳送或是接收的狀態。如果期望對脈輪的振動有較明確的感受，應該學會對自己的能場有感知力，因為這種感知力會讓你對於能場之內的所有振動與改變有更強烈的感受。一般來說，動機的產生是很常見的發送點，而感受則是很常見的接收點，這也是你們可以特別注意的。一旦了解發送與接收的差別，就比較能夠掌控自己的脈輪振動。

至於如何清理脈輪？我覺得脈輪既然是靈魂的傳送與接收點，自然沒有所謂清理之說。換言之，把脈輪想像成用來溝通的工具的話，那麼清理是不是就代表一個人只要能夠排除外在的影響，心口合一地用直接又坦白的方法表達脈輪真實想要傳遞的訊息，並允許自己感受種種感覺，就稱得上是一種清理呢？

靈擺相關問題、為什麼要討論靈性話題、宇宙如何形成？

對應頻道 314 集

問：為什麼有人的靈擺擺動的方向跟大家相反？是否表示這個人的能量很奇怪？是否能用靈擺占卜？如果靈擺能呈現能量狀況，是否有預知的效果？

答：靈擺的擺動方向與大家相反，並不表示這個人很奇怪、不要靠近。我曾說過，隨著每個人與問題不同，靈擺擺動的方式會不一樣。它可能依照你脈輪擺動的狀態，又或是依據你所問的問題，呈現出不一樣的擺動方式。而且依照每個人每天不同的狀態，也可能呈現出完全相反的擺動方向。

靈擺占卜基本上跟擲筊是相同的意思，你可以用來問簡單的是非題。一般來說，答案都是由拿著靈擺的人掌控。除非放在靈擺底下那一隻手的能量遠大過於拿著靈擺的手，那麼答案可能就會依照靈擺下方的手來決定。如果上下方的手都是同一個人，就沒有上下的差別。但就像所有的占卜，無論透過靈擺得到什麼答案，都僅供參考，不要對它投以太多的期待。

至於是否有預知效果，那也是取決於拿靈擺的人。一般來說，如果主觀意識太強，對未來又有所期待，靈擺的擺動方式，很可能會反映出強烈的個人意識。如果真的想讓靈擺達到預知效果，可能要先學著放下自己的期待以及主觀意識。或是讓平時就有練習預知肌肉的人掌控靈擺，可能就會有些許預知的效果吧！

問： 為什麼我們要談論靈性話題？又為什麼要思考它？這對我們有什麼幫助嗎？不談靈性話題，不也一樣在成長進步嗎？有時候會厭惡討論以及了解靈性上的任何問題。

答： 進化是靈魂的本能，不是刻意製造出來的行為。想要討論靈性話題應該是基於興趣，而不是義務。因為進化是靈魂的本能，理所當然地會對任何可以幫助成長的話題感到興趣。但成長並不是持續性的行為，如同沒有人可以過著每天都是白天卻從來不休息的日子。就像植物生長是本能，所以它理所當然地會面向陽光或是吸取水分，但如果持續地提供陽光和水，卻不給它吸收與休息的時間，它同樣會凋零和枯萎。

所以靈性的成長不是靠討論以及思考出來的，是透過真實的體驗人生而得到的領悟。討論有時候可以提供不同的視角，但不討論同樣得把日子過好。所以如果對任何靈性話題感到厭惡，甚至不想討論，很有可能是因為你為了靈魂進化而把自己逼得太緊，沒有給自己任何休息的時間。

如果自己感到厭惡又不想討論時，就好好地給自己放個假吧，暫時不要接觸任何靈性話題。因為就算不討論靈性，靈魂導師還是會協助你進化喔！

問：如果不以科學的大爆炸理論（Big Bang theory）理解宇宙，是否可以從靈性角度形容宇宙怎麼形成？究竟是先有宇宙？還是先有靈魂？靈魂又是如何產生？

答：

在回答這個問題之前，我覺得我有義務聲明，我不知道宇宙是如何形成的，但是我可以分享自己的理論，供各位參考。在我有限的記憶裡，沒有宇宙形成的記錄，所以無法確切回答這個問題。但單就「是先有宇宙，還是先有靈魂？」來討論，從目前我所探索過的所有資料庫來看，顯然許多靈魂在形成以前，宇宙就已經存在了。

任何元素的互動與摩擦都會產生第三個全然不同的能量，當這個能量再與其它元素相互摩擦，自然會分化、複雜化，直到慢慢形成有意識的獨立個體。當這個有意識的個體繼續不斷地分化與發展，它就會逐漸形成有自我思考能力的靈魂。這個過程是能量互動之後產生元素分化，元素在分化後繼續發展而產生獨立意識，就好比胎兒是由兩個細胞結合後不斷分化發展出來的結果。

所以無論複雜程度，也不限於有無實際形體，擁有意識又可以自行發展的能量，都可以被稱為靈魂。其發展可以從很簡單的單細胞生物到較複雜的動植物，再慢慢地發展為有智慧、感官、情感以及情緒的複雜生命體。所以靈魂可以形成植物、小動物、動物、人類、外星生物，又或是精靈、天使等獨立存在的意識能量。

而在我的個人觀念裡，宇宙的形成是無中生有的。之所以這麼形容，是因為宇宙底下的所有存在都是一種振動，至今宇宙中也一直存在著不一樣的振動波。當這樣的振動波互相交錯產生摩擦，往往會同時產生兩種反應，一種是抵消，另一種是激發。而這兩種反應在宇宙之間會形成黑洞與白洞的對立次元。如果把黑洞形容成無止境的吸收領域，就可以將白洞形容成無限噴發的領域。在這樣的環境底下，所有能量都可以無限地被吸收，也同時無限地被創造。又由於與中間所存在的振動是多樣化的，自然可以製造無數種超出人類邏輯可以想像的存在，也同時可以無限大地延伸。若想要測試這個原理，可以試著拿兩條水柱互相噴射，當水柱相碰，彼此衝擊的力量會被抵消（這會使對方的水柱無法繼續朝著另一方前進），但同時會噴射出其他能量（這會以水柱相撞之後各自反向噴發的水呈現。但記得，它同樣是力量的反作用力呈現）。

但如我所說，這只是我的個人理論，而不是宇宙的真理，僅供大家參考喔！

雙生火焰、夢境

對應頻道 315 集

問： 真的有雙生火焰（Twin Flame）的存在嗎？

答： 在討論是否有雙生火焰之前，先讓我們試著理解什麼是雙生火焰。如果靈魂伴侶是兩個非常契合的靈魂，那麼雙生火焰則被認為是同一個靈魂被分割為兩個身體。之所以有這種原理，是因為凡事有一體兩面，宇宙萬物都有陰陽合體。人們覺得靈魂裡面的陽性與陰性可以被各自分離出來，成為獨立思考的個體。而且，雙生火焰也不一定是以男女的形式，只是暗喻一個偏陽剛，另一個較陰柔。

由於從以前到現在的個案中，我還沒有遇過真正的雙生火焰，所以無法肯定地回答這個問題。即便有許多人自稱是雙生火焰，相信彼此是從同一個靈魂分化出來，但在幫他們回溯或調查靈魂資料庫時，並沒有這樣的記錄。每對自稱雙生火焰的人，在靈魂資料上都是獨立存在的個體，擁有各自不一樣的旅程以及記憶。

單就靈媒的角度來看，雙生火焰的發生率微乎其微，甚至是不可能的事。之所以這麼說，是因為任何擁有自我意識的存在，都屬於獨立的靈魂個體。即便是由同一個元素分化出來，只要能獨立存在的意識體，基本上就是獨立的個體，不會是屬於那個元素的附屬體。最好的解釋就是，父母生出來的孩子，或許會有父母雙方的特性，但他們還是屬於獨立存在的靈魂個體。他們既不屬於父親，也不屬於母親。雙生火焰是建立在同一個元素分化出來兩個相輔相成的獨立個體，兩個一旦結合，才會形成完整的整體，但是這樣的架構與宇宙定律是不符的。

雖然凡事一體兩面，但這一體兩面往往需要一體共存，不能透過分化而獨立存在。也就是說，每一個「雙生火焰」的內在靈魂都必須有陰陽共存的能量，不能單只有陽，或者是陰的能量。這也是靈魂可以很契合，但絕不可能是由同一個靈魂分化出來的兩個半完整個體的原因。所以就我個人的觀點來看，我覺得找到契合的靈魂伴侶極有可能，但遇到同一個靈魂切割出來的另一半的機率卻是微乎其微。他們極有可能是從同一個源頭發展出來的獨立意識能量體。但任何元素一經分化，就是獨立存在的。就好比你和自己的兄弟姊妹雖然來自同一對父母，但終究是完全不一樣的個體。即便是同卵雙胞胎，也是兩個獨立的靈魂。

這只是我的個人意見，供大家參考。因為重點不在於我相不相信雙生火焰，而是你相信就好喔！

問：

有時候會在夢裡回憶往事，醒來後卻發現夢裡的人物不會存在。為什麼夢裡的場景一模一樣，但人物被置換？有些夢會不斷地從層層的夢境中醒來，讓我不禁懷疑自己是不是還身處夢境之中。我好奇要如何判斷夢境記憶的真假？夢究竟是怎樣的存在？夢境與醒來後的記憶源自於同一個資料庫嗎？

答：

如果你做了相同的夢，但夢境中出現的卻是完全不一樣的人，絕大多數是因為同樣的事件不只在這輩子發生過。我曾說過，對於夢境，更應該著重的是過程中的**感受**，而不是專研夢境的細節。因為即便是不一樣的人事物，相信你在夢裡和夢外的**感受**是相同的，所以沉睡時，這樣的記憶才會再度浮現在你的腦海裡。

在我的觀念裡，夢境比較像是提示卡、暗示，用來提醒靈魂的存在。人們在睡眠狀態下會回到源頭，這可以幫助靈魂重新找到自己的重心。因為人在清醒時，常常會讓邏輯思考主導判斷力，這也是為什麼那些沒有被處理的情緒，通常會在夢裡反映出來。

有些時候，如果你在現實生活裡經歷了某些與前世相同的事件，睡覺時就很有可能連帶喚醒那段前世記憶。通常這樣的夢境是為了提醒你曾經做過一樣的功課，藉由透過第三者的視角來幫助自己釐清接下來可以做什麼。

除此之外，也有人會在夢境裡打開某個頻道，接受宇宙的訊息，這時的夢可能會有預知效果。這也是為什麼許多人在半睡眠狀態時，常常與天使、指導靈或是靈魂導師溝通。因為在沒有邏輯主導的情況下，人們較能沒有抗拒地接收所有訊息。

我不會過度鑽研夢裡和夢外的記憶真假，因為夢本身就是一種提示、暗示的存在。我建議著重在夢裡夢外所帶來的感覺，因為這些情緒是你在清醒時沒有去處理和面對的。夢境的發生只是提醒你應該處理這些事情罷了。

無論是在夢裡還是現實生活中，你的靈魂只有一個資料庫。只不過當靈魂不受邏輯掌控時，這些資訊或許不會以有條理，或是合理的方法呈現。但如上所說，無論它以什麼方式呈現在你面前，感受都不會有太大的差異。

夢境是幫助我們理解情緒而前進的輔助工具。對於想要深入夢境的朋友們，可以從心境、情緒的起承轉合中得到一點啟發。把夢境視為暗示，而不是絕對真實的記錄，可以幫助你更了解夢境之所以發生的原因喔！

特殊性癖、風水的影響、死亡的安排

對應頻道 316 集

問：

有人戀足、戀鞋襪、皮革、緊身衣；有人喜歡主奴SM，享受支配或被支配的感覺。這些特殊的喜好，也是來自於前世的記憶嗎？為什麼這些東西在性愛上會讓人興奮呢？

答：

人人都有特殊的興趣或嗜好，就跟你喜歡喝茶、咖啡或吃甜點是同樣的道理。有人喜歡咖啡是因為它的香醇，有人熱愛甜點是因為它帶給自己美好的回憶。無論喜歡什麼，都是因為感官受到了刺激。也有很多時候，是因為無法擁有，才會更想要。

性事上有特別的喜好，原因不全都來自前世，但如果這一輩子找不到緣由，就極有可能是受到前世影響。通常會有這些癖好，是因為在過去經驗裡，這些事情曾經刺激他的感官，為他帶來快感或是性幻想。由於性曾是忌諱又不能公開談論的話題，因此在觸及這種感官時會讓人不自覺地感到興奮。這其實跟偷東西時會心跳加速的意思一樣，都是一種明知不可為而為之所產生的快感。

性所追求的是快感，任何可以製造出這種快感的，都可以成為性癖好的物件。假設古人的穿著都包得很緊實，那麼在看到女性走路時裸露的腳踝，自然也會想入非非。同樣的道理，在曾經保守的年代，緊身衣可以完全顯露出女子的身材，讓人有遐想的空間，自然會成為刺激快感的物件。但每個人不一樣，被刺激的感官也不同。可以確認的是，性癖好所刺激的是「因為得不到，所以更想要」的快感（無論是前世，又或者是發生在這一輩子），因此連帶讓人感到興奮。

同樣的道理，SM的主奴關係也不限於前世記憶。享受支配與被支配的感覺，往往是為了彌補與平衡心靈上的匱乏。也同樣是落入「因為得不到，所以更想要」的快感當中喔！

總歸來說，性喜好可以分類為對實質物品（包括對象和身分）與行為的喜好，無論是來自於前世或今生，通常都是為了滿足心靈或情緒上的匱乏感，透過性幻想增加快感以滿足內在的慾望。

問：想請問風水對居家環境的影響，真的像坊間所說可以主導一切運勢嗎？還是「人定勝天」？

答：

在宇宙底下的萬物都是一種振動，而振動都會彼此影響的前提下，風水對於人有一定的影響，因為風水本身就是建立在所有能量運行的基礎之上。再加上當人們回到家的時候，往往會不自覺地放鬆身心靈，就更容易受到周遭環境振動的影響。這也是居家的風水，又或者是你長時間待著的地方的風水都會影響你的主要原因。

由於家往往是身心靈休息的地方，所以過度髒亂、雜物堆積，除了會影響能量的流動，在視覺上也無法帶給人放鬆的感覺。人是感官的動物，無論是視覺、味覺、聽覺，或是其他感官上的刺激，都會影響自身能場。

想像你每天待在家裡，眼前看到的是一堆雜物，鐵定不管走到哪都會感到莫名煩躁，老是有這樣的情緒又如何處理內在的功課呢？如果連休息的地方都如此讓人感到煩躁，你可以想像之後面對社會的種種挑戰又會是什麼樣的心情呢？

雖然風水有一定的影響力，但「人定勝天」的作用力也絕對可以反轉一切，因為一個人的意志力如果夠強大，的確可以改變很多東西，甚至包括家裡的能量也可以重新置換。所以何必爭辯哪一方比較有利？雙管齊下不是可以更有效地達到你要的結果嗎？

如果一個人可以堅定地朝著自己的理想努力，又可以把居家環境整理好以成為助力，何樂而不為？居家不一定要一塵不染，但至少要住得舒服。當一個人的身心靈可以得到適當的休息，才更有精力可以面對外在的挑戰，不是嗎？

問：靈魂投胎前會計畫和安排如何死去嗎？像是時間和地點等細節也會詳細安排嗎？

答：靈魂投胎前不會對死亡的時間、細節、地點做詳盡的安排，雖然有個大概，但絕對不是細節的規劃。有些死亡的安排必須伴隨著所有人的功課鋪陳，以及靈魂的進度來發展。靈魂之所以安排輪迴是為了克服功課，以協助自己進化。當靈魂完成這個任務，祂自然可以選擇要繼續享受這樣的成果，又或者是進入下一個旅程。雖然沒有人長生不老，不會死亡，但就靈魂的角度來看，死亡比較像是一種選擇，而不是絕對的安排。

靈魂不會知道自己需要多久的時間學完所安排的功課，雖然祂期望各位可以盡早達到那個目標，但祂也同時知道有太多不可知的突發事件（就好比祂沒有想到人們會緊抓著自己的恐懼不放），也因此，無法安排詳盡的死亡細節。除非死亡是為了啟動其他相關人的人生功課，又或是為了因果報應所安排，就很有可能事先決定大概的發生時間點。

之所以說死亡是種選擇，是因為在過去諮詢的客戶裡，有許多被醫生宣判只有幾天或是幾個月生命的人，在探索這些人未來的資料時，發現死亡不是他們絕對的答案，大多都是有選擇的。除非他們的死亡跟其他人的課題緊密相連，這個情況的翻轉機率就會比較少，但不是沒有。相對地，當一個人願意面對自己的功課時，似乎也有翻轉的機會。雖然有客戶最終還是面臨死亡的結果，但也有不少比例的客戶製造了翻轉的結果。這也是我相信靈魂對於死亡的安排不是絕對的主因。

至於自殺，與其說是靈魂的安排，倒不如說是人為意識的決定。靈魂安排一生的時候一定會考量這種可能性，所以往往會在這樣的人身邊安排許多可以協助他的救援，只不過當人們在那樣的狀態下，常常不願意對外尋求援助，而讓自己的邏輯說服自殺是最好的結果。總歸來說，靈魂會思考自殺的可能，但絕對不可能把它安排成人生的終點。

靈魂、車禍、測試能量的方法、靈性是什麼、直覺判斷

對應頻道 317 集

問： 靈魂算是外星人嗎？

答： 不是。靈魂不是外星人。因為在宇宙萬物底下，任何有生命的存在都有靈魂，即便是外星人也有靈魂喔！

問： 為什麼時常看見車禍，或是腦中一直出現自己或親朋好友發生車禍的畫面？需要注意嗎？

答：

關於這個問題，我沒有辦法給出一個絕對的答案。之所以老是看見車禍，又或是腦中一直浮現類似的畫面，很有可能是以下幾個原因：

1. 頻率振動相符

在同頻相吸的引力下，人們很容易被振動頻率相似的人事物吸引，進而產生總是遇到這些人事物的感覺。

2. 感應／預知能力

由於振動頻率是浮動的，人們在正常狀況下往往可以連結到與自己振動相差約莫30%的振動差。而這30%涵蓋過去或未來。30%振動差的時間，因個人振動的不同，折算約莫三到六個月左右。若事件發生在自己的前世，也就是靈魂的部分記憶時，則不受此限制。

3. 現實中的事件啟動靈魂記憶

這可能是現實生活中最常發生的情況。往往是因為生活中某些事引發的情緒，啟動了靈魂記憶中任何與車禍相關的場景，無論是發生在自己身上，還是親朋好友身上的記憶。這種情緒很可能是任何擔憂、感覺來不及，或者害怕失去的恐懼等。

因此，這樣的現象重點不在於夢到或看到什麼具體的事物，而是在於你的情緒反應。如同我說過的：不要過於糾結夢中的具體情節，而是花點時間注意夢醒後或夢境中的心境和情緒。接著，把這樣的情緒帶入現實生活中比對。如果在現實中也有類似的事情讓你產生相同的情緒，那麼這個情境或領域才是真正需要花時間注意的地方。我們往往可以透過夢中呈現的情境，思考處理現實事件的方法。

問：很好奇，除了使用靈擺，有什麼更好的方法可以觀察物品的能量？

答：

除了使用靈擺，我個人覺得最好的方法，就是加強自己的直覺感應力。曾經有位客人問我：為什麼有些人會有直覺感應力？他們有什麼特別之處？

其實，直覺並不是少數人才能擁有的特權，而是每個人都擁有的本能。我們之所以認為直覺只屬於特定族群，是因為我們活在邏輯主導的世界。在邏輯無法印證，直覺又無法證實的情況下，我們往往需要他人的認同來堅定自己的感應。

但基於每個人都是獨立的個體，直覺感應力自然大不相同，各有偏好。在靈魂導師的帶領下，每個人都有專屬的直覺。所以想知道什麼方法最適合自己，最好的方法就是增強直覺感官能力。之前的文章提過，這些練習可以透過猜猜打電話來的人是誰，或是在事件還沒結束前猜測結果等，這些都是培訓直覺的方法。

問：什麼是靈性？靈性是什麼意思？

答：「靈性」就我個人的註解來說，是靈魂的根本，也就是靈魂的本性。「靈性」雖然聽起來十分深奧，但其實沒有那麼難懂。

我曾說過：靈魂投胎前，為了完成靈魂藍圖所安排的功課，以達成靈魂投胎所要學習的目的，身、心、靈三大要素的存在十分重要。邏輯觀念之所以重要，是因為人們在一生中的喜好或厭惡，多半是透過邏輯來決定。意識成形，才有可能產生功課；功課產生後，才有機會面對與克服。如果沒有邏輯產生，靈魂自然不會對人世間的任何事物產生是非對錯的判斷，以及喜怒哀樂的偏好。而這些偏好的累積，逐漸形成靈魂特有的本性，這就是所謂靈性。

靈性也可以解釋為靈魂面對所有人事物時，所產生的特有感覺、想法與領悟。

透過邏輯啟動的功課，再利用情緒做為衡量準則，進而找到靈魂的本質，就是大家熟知的「追求靈性」。

之所以有許多人對靈性感興趣，或是急著想提升靈性，是因為當前身心靈失衡，靈魂感受不到任何快樂。所以，如果一個人過度沉浸於以邏輯掌控的生活方式，導致失去平衡，對靈性的渴望與想要找回真正的自己，自然就是必經的過程。

問：如何判斷心中突如其來的念頭，是來自於靈魂導師還是外靈呢？

答：

當一個人越了解自己，越熟悉自己的言行舉止、說話方式、思考模式，就越能分辨什麼是外來的訊息。因為靈魂導師等同於你的大我，往往會使用你熟悉的說話方式與用詞與你溝通。外靈可能會試圖模仿你，卻缺乏那種熟悉的感覺。那種感覺就像是你特別喜歡的一件東西，別人偷走後買了一模一樣的東西替代，但你依然能感覺到其中的不同。

不過，有時不一定是外靈，很可能是腦中想太多的聲音。通常這種聲音多半帶有批判性，例如：「如果你這麼做一定會失敗」、「如果你這麼做，外界會有什麼反應」等。這些腦中的聲音多由邏輯組成，句子中總是帶有許多理由與藉口，或者充滿恐懼與擔憂。

靈魂導師的訊息則通常不是句子，而是一種意念或感覺。祂們往往話很少，有時候沒頭沒尾，但總會讓你有「一切都會沒事」的安全感。這源於靈魂導師清楚了解你的人生藍圖以及可能遇到的挫折，祂們的目的是協助你度過困境，而不是避免這些事情發生。

第三方占卜、決定輪迴與父母的要件、冷凍人是活的嗎？觀落陰、寵物溝通

對應頻道 320 集

問： 很多西方的占星師，比如塔羅，都不做第三方占卜（third party reading）。他們認為第三方占卜並不準確，因為抽取的牌卡是代為問事者的能量。請問這個說法是為什麼呢？純粹因為道德隱私嗎？

答： 由於上述的狀況不是我的問題，所以我無法給予標準答案，或許這跟我沒有使用任何工具進行諮詢有很大的關係吧！但即便如此，當人們諮詢其他人的問題時，我同樣會要求客戶把對方的真實姓名與資料提供給我，我才有辦法直接與他們連結擷取資料。如果資料不完整，而是透過客戶腦子裡僅存的記憶，所得到的資訊往往

也不完整，而且裡頭還會有很多客戶本身的主觀觀念。如果以這個情況來看，上述占卜師不做第三人占卜自然有其道理。

我為了這個問題做過小小的實驗，就是我做為第三方代為抽牌，占卜師自己幫當事人抽張牌，以及當事人本人抽牌，我們問的都是同樣的問題，而我想要知道不同人抽牌的差別在哪裡。也是透過這個小實驗才發現，一個人的能場或是主觀觀念絕對會影響牌卡的答案。

如果以此實驗的結果做為前提，那麼最好盡量避免第三方占卜。因為得到的答案絕對會受到個人的能量或主觀意識影響。也就是說，你抽的牌卡可能是你期望的，卻不是真正的答案。不過，如果占卜師並不需要任何物件輔助，我相信只需要提供很詳細的第三方資料，應該可以得到相同的結果。

在宇宙底下的訊息是共享的情況下，自然不會牽涉到任何道德隱私的問題。因為如果感應得到，表示你一定不會是第一個知道的，而且不該你知道的，你就永遠不可能知道。

問：靈魂結束上一段生命之後，是什麼因素決定他們要在什麼時間點開始下一段生命，以及他們應該選擇什麼樣的父母。

答：當靈魂結束了上一段生命，在灰色地帶過濾了身上種種的執著而進入白光之後，會直接進入全知的狀態。在這個狀態底下的靈魂完全不會受到任何時間與空間的限制。

在這樣的環境下，靈魂可以用非常短暫的時間，擷取到最大的訊息量。祂們可以很快地回顧自己在這一生學到了什麼，又或是沒有學到什麼，也可以用全知的角度分析自己是否還有任何改進的空間。

當靈魂對自己需要改進的地方有完整的概念，祂就會開始設計並安排自己下一輩子的人生藍圖，同時尋找最適合創造出功課平台的父母——他們不光是製造出人生功課，同時也可以培養祂一生所需的優點與技能，並可以用最快的速度還原祂們需要改進的靈魂本質。一旦找到這對完美匹配的父母，並與各個靈魂達成協議與共識，自然就決定了祂的出生。

記得，靈魂不會受時間與空間限制。即便這些事聽起來很繁瑣，但對祂們來說可能只是一眨眼的事。祂決定的出生時間，在人類的觀點裡，很可能是即刻，也可能是很久以後。這完全取決於靈魂是否可以找到最適合製造出祂所需人生平台的父母與環境。

問：在新聞上看過有人想要冷凍自己，等到未來醫療進步的時候再解凍。請問這樣子當事人還活著嗎？

答：

因為我不是醫生，不能給予專業的回答。而且我也沒有親眼見證過冷凍人，所以只能給予靈媒不負責任的分享。

很多人可能覺得冷凍人的狀態接近植物人，但在我觀察過的病例裡，我覺得他更像死人。首先，我對活人的定義是取決於一個身體裡面是否還有靈魂的存在，不論他的身體處在什麼狀態。對我來說，植物人也分活人和死人，一個是完全不需要醫療輔助也可以自行維持生命，另一個則是完全需要仰賴醫療輔助維持生命。

到目前為止，從來沒有成功的冷凍人案例。人們之所以覺得冷凍人可以維持生命，其實大多是源自食物可以透過冷凍保鮮，又或是截肢部位可以透過冰塊保鮮後重新接回的錯覺。保鮮跟維持生命是兩回事，冷凍或許可以讓死去的身體不會快速老化，卻不表示可以保留他的生命，如果冷凍可以維持生命，就不會有那麼多人在雪山或海水中被凍死了。而那些一被釣上岸就急凍的魚，也不會在解凍之後死得徹徹底底。截肢的身體部位之所以可以重新被接回身體使用，是因為大多不是身體運作的主要器官，而且也是在冷藏而非冷凍狀態，並且不能超過一定的保存時間。所以想要判斷冷凍人死活，只需看他在冷凍狀況下是否可以不借助任何醫療輔助，還可以維持生命體徵。否則，當腦部、心臟長期缺氧就會死亡的情況下，冷凍人也等同於死亡狀態。

靈魂不需要完完全全地待在身體裡面才可以維持生命。以植物人來舉例，有時靈魂與身體間只有一條細如游絲的連線。但即便是如此細微的連結，也足以維持他們的生命。這段時間裡，他雖然無法移動身體，靈魂卻可以四處遊走。有時候他們對身旁發生的一切也有很強烈的感應與覺知。但這是建立在他們就算沒有醫療輔助也可以維生的狀態下。

或許未來的科技可以有其他方法詮釋或執行「冷凍」。但就現在的科技來看，任何冷凍都會讓液態產生固化，這樣一來，氧氣無法輸送，生命體徵會停滯，以正常腦死的時間來看，存活的機率非常渺茫。但如我所說，凡事沒有絕對，在冷凍狀態又沒有任何醫療輔助的情況下，若是還可以偵測到心臟的跳動與大腦的活動，那麼他就是活著的吧！誰知道呢？這天底下真的有抗寒性較高的動物啊！或許那個時候，我們還可以吃到新鮮的解凍魚呢～XD

只不過允許我再次提醒，到目前為止從來沒有任何成功的冷凍人案例喔！

問：想問版主對於觀落陰的看法？

答：我對觀落陰不熟，既沒試過、也沒看過，只能暫時引用維基百科的解釋：「觀落陰是一種超自然現象的道教法術，指活著的人的靈魂跟隨法師的指引出體，到陰曹地府旅遊。」

我不會運用道教的法術，但光是看這段解釋，感覺就像是我幫客戶催眠時會產生的動作。還是觀落陰只限於帶生人參觀陰間地府才算？那引導他們看往生的父母算不算？還是一定得見到陰間地府的使者才算呢？

就我個人的觀點，我絕對相信觀落陰是存在的。因為任何學習過催眠的人都可以引導個案到想要讓他們去的地方，這不也是另類的觀落陰？對我來說，只不過是一種以不同的方法或儀式帶領的催眠引導罷了。

至於觀落陰是否危險？我覺得取決於施法者的功力，也與當事人的能場穩定度有關。能場穩定的人百毒不侵，能場不穩定的人就算沒有觀落陰，也會天天卡到陰，不是嗎？所以如果不是很相信法師的功力，就找一間能場強大的大廟幫你壓壓驚吧！

陰曹地府並不是只要見到生人都想吞噬的地方，也不是可以隨意取人性命的地方。它或許會反映出你內在隱藏的黑暗，但不表示它可以終結一個陽壽未盡的人的生命。你可能會看到嚇人的孤魂野鬼，但命不該絕的人想死都死不了，所以你擔心的「危險」是不存在的喔！

問：為什麼有些動物溝通師只要看到照片、知道寵物的名字，就可以跟那隻寵物溝通？

答：我覺得這跟有人找我算命時，只需要提供本人的真實姓名、生日或照片，我也可以直接搜尋對方的資料是一樣的意思。我曾說過宇宙底下的所有溝通都是以同樣的方式進行，不會受到任何外在的形體限制。如果靈魂可以透過振動交流而溝通，那麼跟動物自然也可以。

靈性的開發、天語、神諭卡、帶天命

對應頻道 321 集

問： 現在坊間有許多開發第六感的課程，就是和開發右腦、第三眼或松果體有關。如何鍛鍊覺知的肌肉？又如何不陷入左腦思維，而是發展強烈的右腦感知？如何能強化與靈魂導師之間的聯繫？又該如何鍛鍊直覺？

答： 想要鍛鍊直覺，可以從很基本的練習做起。例如，電話響起時，猜猜對方是誰，或是猜猜對方為什麼要打電話。因為宇宙底下沒有任何隱私，當人們想要打電話給你，他們的振動就會具有目標性地進入你的感應範圍裡，所以是最容易被感受到的。此外，突然想去某個地方，又或是轉哪一個方向，這些影響程度不大的小事件，其實都可以拿來練習直覺。

至於如何不陷入左腦思維，訓練強烈的右腦感知？基本上，如果左右腦運用失衡，人們大多是有感知的。通常如果不是開始懷疑自己是不是想太多，就是開始質疑自己是不是太感情用事。所以當你開始懷疑自己是不是想太多，又或者過度分析一件事的時候，都可以在當下提醒自己暫時放下這樣的思維。任何進化都必須由覺知開始，如果覺得自己過度運用左腦，可以藉由一些運動讓自己練習回到當下，再閉上眼睛感受當下的感覺，就可以幫助加強右腦感知。

要如何隨時與自己的靈魂導師連繫？靈魂導師原本就是你靈魂的一部分，如果真的想與祂連結，必須先學著放棄自己的邏輯，不要讓它主導人生。當人們願意放下主觀意識，加強自己的直覺感應，並學著體驗真實的情緒感受，自然會加強與靈魂導師連結。

許多人對於靈魂導師的誤解是，一旦與靈魂導師做了連結，祂們就會無時不刻、耳提面命地傾囊相授祂知道的一切。但其實人們截至目前為止的人生都是完全地掌控在靈魂導師手中，就算真的連上線，祂們也沒有特別的話想要交代你。更多的時候，祂們只會傳達「一切都會沒事」的感應，即便你老是懷疑自己是不是走在錯誤的軌道上。祂們傳遞的訊息往往不是一來一往的對話，而是你打從心底就知道的感覺，這種感覺往往在你放下邏輯之後就會變得特別明顯。

問：通靈的師姐們講出來的天語，真的是高靈的語言嗎？是所謂外星文嗎？

答：

這讓我想起自己剛開始靈學旅程的時候，高靈們不斷提醒我：傳遞任何訊息時，用字必須是連六歲小孩都聽得懂的。恰巧我當時也看到愛因斯坦說過類似的話：「如果你無法用簡單的語言讓六歲的小孩理解，你就不是真正了解其中的道理。」（If you can't explain it to a six years old, you don't understand it yourself. ~Albert Einstein）

因此，我不認為高靈會用你們聽不懂的語言表達與傳遞訊息。當初就是祂們不斷地提醒我要「說人話」，如果我用一些艱深的詞彙，也常常被祂們糾正。試想，如果今天高靈們真的有什麼訊息想要分享，最有效的方法絕對是講大家都聽得懂的人話，而不是沒有人聽得懂的天語，不是嗎？

到目前為止，我與任何靈體溝通，祂們的訊息量往往很龐大而且是在瞬間發生的。當人們接收到訊息後，會再用自己的言語表達出訊息裡想要傳遞的重點。這也是為什麼我在之前的文章裡不斷強調：一個靈媒的背景會影響他如何詮釋所接收到的訊息。如果你了解這個道理，自然也會知道宇宙萬物的溝通並不會受到語言的限制，如果真的想要表達什麼，都是透過感知來做回應。

那麼在這樣的情況下，天語又是從何而來？高靈如果真的有任何訊息想要傳達，絕對會以各位聽得懂的方式表達。而人們之所以堅持說天語，在我個人看來，比較像是為了呈現自己的與眾不同，或是他們不知道如何詮釋自己收到的訊息。

問：

牌卡占卜除了塔羅牌，還有所謂神諭卡（Oracle Card）。想知道抽神諭卡的能量運作方式是什麼？和塔羅牌不一樣嗎？一些製作牌卡的知名人物，例如Doreen Virtue，都說抽牌的當下，最好是透過神聖力量或源頭來獲得靈感，例如天使或高靈。那麼抽牌時如果向神聖源頭祈禱會有幫助嗎？如果讓別人碰了自己的牌卡，就表示不尊重給予指示的高等靈魂嗎？

答：

我覺得這世界上有許多千奇百怪的占卜方式，無論是任何星相算命與牌卡，其實全都是每個人生命中的提示卡。它們往往可以讓你在迷惘的時候感受到一點人生的方向，又或是在對自己產生懷疑的時候，對未來感覺到一點信心。

所以對我來說，無論是什麼牌卡，運作方式與功用都是大同小異，都是透過與高靈連結為人生提供一點點暗示。所以在抽牌的當下是不是要想著神聖的源頭，並向祂們祈禱才會有幫助？我個人覺得，無論使用任何牌卡或任何占卜方式，如果可以讓自己處在一種「當下」的狀態，與自己的心產生共鳴，得到的答案會比較接近靈魂想要傳達的訊息。

之前的文章也提過，這些需要透過抽牌卡的占卜，最好不要由他人代理抽牌。因為每一個抽牌卡的人自身的能場，都有可能影響牌卡抽出來的結果。

我不覺得讓別人碰了自己的牌卡就是不尊重高靈。但我也認識一些算命人士不太喜歡別人碰他們的牌卡，因為他們覺得自己與牌卡的默契是花時間培養出來的。有些人的能場可能真的會影響那樣的默契，為了保持牌卡的能量純淨、給予客戶最好的服務，他們格外忌諱任何人碰自己的牌卡。所以會說碰了就表示不尊重，可能是因為沒有經過主人同意就隨意觸碰牌卡吧！否則，我通靈這麼多年，還很少看過這麼小心眼的高靈，會因為別人碰到自己的牌卡而生氣喔。

問：靈修帶天命，如果沒有從事相關工作，是不是會被懲罰？

答：

如上一題的回答，我到目前為止還沒有遇過任何小心眼的高靈。你的人生會不會走上宗教模式的靈修之路，往往都在靈魂導師的安排之中，不可能因為沒有走上這條路就被「懲罰」。

比較有可能是你過度使用邏輯，把人生過得水深火熱，而「靈修」只不過是靈魂導師希望你藉此讓左右腦感知平衡的一個契機。但我向來認為最好的靈修就是好好地把日子過好，因為靈魂都是透過生活中的種種事件得到領悟與進化。

當然有許多人會說，自己是帶天命來靈修的。可是說真的，大家是否曾懷疑「天命」究竟是什麼？如果人一生的鋪陳都是靈魂導師在上天安排好才讓我們投胎，那麼投胎之後好好面對每一天，不就已經是在執行天命了嗎？

我從以前到現在，不但被告知帶天命，還是帶著五色旗來靈修，難不成我就可以不過日子了嗎？小孩就可以放養？老公就不會是豬隊友了嗎？

基本上我覺得，所謂天命就像靈魂的任務。大部分是希望可以透過體驗人生的喜怒哀樂與生離死別得到領悟，進而讓自己成為更好的存在。

這也是為什麼我覺得「靈修帶天命」比較像亞洲的觀念，就像是每一位帶天命的女人都是九天玄女投胎的意思。與其一味地將自己奉獻給宗教，我覺得只要能夠把自己的人生過好，就已經是在執行天命了。

特別是當靈魂處在全知的狀況下，根本不可能因為不執行天命就處罰你，因為你截至目前為止的一生全都在祂的掌握之中。我覺得靈修帶天命反而比較像是人類的狹隘思考觀念所揣測出來的結果。

當然，我並非表示人們都不需要追崇任何宗教。有些時候，宗教的確是人們陷入絕望時最好的心靈寄託。又或者是當人們過度依賴邏輯來生活的時候，靈魂導師的確會安排這樣的過程，讓他們開始渴望尋求心靈上的慰藉。但這些都應該只是順其自然地發展，而不是被外在告知後強迫執行的結果。

如何落實克服恐懼、藏傳佛教的煙供、天使符號、貴鬼

對應頻道 322 集

問：

版主說過，每天留幾分鐘給自己，會比吸食大麻或死藤草更有靈性成長。也說過，直接克服自己的恐懼是靈性成長最快的方法。我想問，如果我並不喜歡靜坐或冥想，該如何將上述方法落實到每一天，才能夠深刻地感受真我，以及擁有很高的感知力呢？

答：

由於我本身沒有使用過大麻或死藤草，所以無法分享它們對於靈性成長的功效。但我認為，與其使用外物協助自己的靈性成長，倒不如每天花幾分鐘與自己相處，使用最自然的方法練習自我療癒，是更能增進內在的方法。

我也曾說，如果一個人可以學會真實、勇敢地克服恐懼，也就是每天挑戰一些讓自己害怕的事，靈性會快速成長。

如果你覺得自己靜不下來，腦子裡有許多天馬行空的幻想，雖然想做點什麼，但又不知道該如何開始，那麼可以**從呼吸開始練習。**試著讓自己慢慢吸氣，再慢慢吐氣。特別是在覺得惶恐、緊張、慌亂以及不知所措的時候，透過將自己的專注力集中於呼吸，學著平衡體內不安的情緒。這樣的練習不需要特別靜坐或冥想，只要有時間專注在呼吸上就可以。

此外，每天專注地做一件喜歡的事情也很重要，可以是畫畫、跳舞、看本書……這都是可以與高我連結的方法。因為當一個人做喜歡的事情時，會比較容易進入本我狀態，也就越能體會心無旁騖的感覺。那個狀態與高靈的振動十分相似，自然也就比較容易接收到靈魂導師所要傳遞的訊息。讓自己對生活產生一點覺知，而不是讓邏輯以及過多的情緒操控自己的生活，這都是可以幫助自己連結真我以及訓練感知力的方法喔！

問：藏傳佛教的煙供是否有實質效果？

答：

任何宗教都有專屬的供奉儀式，效果大多是建立在相信的力量上。煙在許多宗教裡都有與神明連結的含義，透過煙自然上升，人們覺得它可以幫忙把訊息傳達給天上的神明。所以除了藏傳佛教的煙供，印度教也很常使用煙供儀式做為與神明溝通的方法，佛教點的三柱香，也是相同的原理。

人的信念是一種實質的能量，這也是神、魔、鬼總喜歡找人替祂們辦事的原因。既然是實質的能量，自然有實質的效果。任何宗教與儀式，只要人們願意相信，就有其效用。

當然，凡事有相信的人，就有不相信的人。有些人覺得奇怪，自己明明不相信，為什麼還是會發生？這其實取決於在自己相信這回事以前，是不是已經有其他人餵養讓它發生的能量？這不單單局限在你相信的事件，也包含很有名的算命師，或很靈的神廟……如果自身的信念無法抵抗已經存在的累積能量，那麼信念較強的一方自然會造成顯相的結果。

所以無論是煙供或任何宗教儀式，只要願意相信，它自然有實質的效果。是說，大部分的煙供都是為了與神明溝通，但真的有心想與神明溝通，就算沒有煙做為媒介，也可以傳遞想要表達的訊息喔！

問：最近對天使符號有興趣，想知道那些符號真的有用嗎？

答：

這個問題與上一個問題雷同。人的意念是種實質的能量，可以改變任何地球元素。任何的存在，只要人相信，就有其效果。任何符號或圖案都很可能激發你內在的某種感覺。如果你購買了天使符號，每天觀看它的時候覺得受到保護，它便有保護你的作用。天使符號的作用完全取決於你對它投注了什麼樣的信念。

所以有時候不一定是天使符號，也可能是你養的寵物，只要你看到牠時，覺得被療癒了，那麼除了寵物本身對你會產生療癒的效果之外，當你看到與牠們很相似的寵物照片，可能也會不自覺地感覺被療癒喔！

因此，有沒有效用不是取決於它是什麼，而是取決於你如何看待它，又投注給它什麼樣的信念。對你有特定效果的信念，不一定適用於別人。這也是我一再強調的，與其一直問某某東西是否有用，你更應該問的是：我覺得它有用嗎？因為你對這樣的符號或物品有什麼感覺、感知、想法與信念，才是決定它到底有沒有用的主要關鍵。

問：可以分享你人生中的貴鬼嗎？你只遇過惡鬼嗎？還是也曾遇過讓你感覺人生很溫暖的好鬼？

答：

我的童年跟大部分的人一樣，都因為未知而對鬼產生恐懼。所以在童年時遇到的鬼都讓我覺得害怕，而且避之唯恐不及。

直到年紀稍長，才發現鬼跟人沒有兩樣。因為人死後才會變成鬼，所以好人死後自然會變成好鬼，壞人死後自然會成為惡鬼。若是以邏輯來推論，好鬼的比例永遠大於惡鬼。鬼的長相、思考模式以及行為，往往與祂們生前一模一樣，這也是為什麼現實中如果遇得到讓人感到溫暖的人，自然也遇得到讓人感到溫暖的好鬼。

其實大部分的鬼都是善良的，在可以幫助你們的情況下，祂們大多願意幫忙。

只不過由於祂們的振動頻率比較緩慢與沉重，所以靠近人的時候可能會讓人們不舒服。也就是說，鬼帶給你的不適感不是祂們故意的，而是因為頻率不相符所造成。所以大部分的時候，只要祂們不要靠我太近就是最好的幫助了。

現在回想起來，童年長期躺在醫院病床的時間裡，時常會進來關心我、探望我的爺爺奶奶們，應該就是你口中的貴鬼吧 XD。

如何保持情緒平穩、水晶的問題、人生藍圖、發掘課題與使命

對應頻道 324 集

問： 如何讓自己的情緒保持平穩，不焦躁地生活？

答： 要讓自己的情緒保持平穩、不焦躁，學會愛自己絕對很重要。所謂愛自己不只是買很好的包包給自己、做指甲、去按摩，而是懂得如何保護、珍惜、疼愛、讚美與鼓勵自己。難過時懂得抱抱自己，全力以赴時也會記得拍拍自己的肩膀，說：「你做得很棒！」這些都是愛自己的舉動。

我說過，愛自己只是個開始。學會愛自己之後，才能夠有一點肌肉面對生活中的種種恐懼。害怕在人前說話？無法表達內心真實的感受？害怕追逐自己的夢

想……這些，都是你在學習愛自己之後所要面對的挑戰。因為**這些害怕與恐懼其實是導致你對人生感到焦慮與惶恐不安的主因。**人們唯有逐一處理了內心的恐懼，那種長期以來胸口積鬱的感覺，或是坐立不安的焦躁感，才會慢慢減緩。

所以第一，請學會愛自己；第二，學著克服自己的恐懼。光是執行這兩件事，就可以幫助你的情緒平穩很多。

但如果你所說的情緒平穩，等於維持不變的狀態，我在書中已經提過，這在宇宙底下是完全不存在的，因為任何維持不變的狀態都是被強制執行出來的結果。所以當我建議你們愛自己，指的是**全面接受以及擁抱任何狀態下的自己**喔！

問：

最近接觸水晶，加入一些社團，產生一些疑問。

第一，水晶裡面真的可能有龍、飛馬、狼……等等嗎？

第二，水晶會告訴你它的名字嗎？這些水晶是有靈性的嗎？會自己選主人嗎？

第三，如果是，如何跟水晶溝通才能知道這些訊息呢？

第四，版主說淨化水晶是用海鹽、陽光，但坊間流行賣秘魯聖木塊來淨化水

晶。水晶真的喜歡聖木塊嗎？聖木塊有淨化的功能嗎？

答：

我發表過許多關於水晶的文章，如果有興趣的話不妨參考。我曾說過，水晶不是具有靈魂的生命體，而是與各大元素一樣，可以吸收、凝聚以及儲存能量的媒介。它們吸收的能量，在你的認知裡可能無法理解且陌生。當這個水晶收集了很多能量，裡頭的能量與你認知裡的飛龍、飛馬或狼的感覺很相似時，它們就會在你面前反映出這樣的影像。也就是說，它顯化出來的模樣，完全由你自身的濾鏡來決定。一個人腦子裡的資料庫越龐大，它顯化出來的也會越接近它的原貌。

但一般來說，水晶本身雖然能夠吸收、聚集以及儲存能量，卻不能禁錮靈魂。也就是說，它可能收集了你的能量，卻不能把你的靈魂關在裡面。它的能量或許會給你飛龍的感覺，但不表示裡面真的藏了一隻龍。電影或許會有這樣的劇情，但是我到目前為止還沒看過被封印在水晶裡的靈魂。而且就算水晶真的有禁錮靈魂的能力，在封印的狀態下，你更不可能感覺得到裡面是什麼，不是嗎？

第二，水晶沒有名字，但若是它長期吸收的是某個人的能量，它可能會讓你以為它叫什麼名字。在絕大多數的情況下，人們都是透過感應能量之後，再用自己的濾鏡幫水晶取名字。因為名字在靈魂狀態下沒有任何意義，唯有對人類才有意義。名字會為物品冠上歸屬感，就好像人們會為自家的寵物、生活用品，又或者是替每天開的車取個名字是一樣的意思。有了名字，也同時可以幫助人類識別與稱呼它們。

此外，水晶有沒有靈性取決於它吸收了什麼能量。如果它吸收的是脫俗又超凡的天地靈氣，你靠近它的時候，自然會覺得這個水晶凝聚了天地之氣，超有靈性的。正由於每個水晶都儲存著特定能量，在能量共頻的狀況下，自然會覺得它很適合自己。能量差異太大的時候，就會覺得不適合。這也正是給人水晶會選主人的錯覺，其實比較像是你選擇適合自己的水晶。

如果是這樣，如何跟水晶溝通才能得到這些資訊呢？由於上述問題不成立，所以沒有辦法回答該如何取得你想要的資訊。但如果你攫取不到，就靠自己創造，因為只要你相信，它的能場遲早會變成你相信的（一般約莫六到九個月的時間）。因為它會持續吸收、儲存，以及慢慢地轉換成你的能量。

但如果你指的是如何感受水晶內所蘊含的能量，首先要理解的是，在宇宙底下的一切都是振動。任何溝通都是藉由振動傳輸。它往往是一種感覺，在體驗過後再以腦袋中最接近的文字表達出來。你可以藉由清空自己的能場，再感應它傳遞出來的振動還帶著什麼樣的能量，又或者可以試著與它溝通之後，再從中把自己的能量區隔開來，剩下的自然就是你從水晶上感應到的訊息。

至於水晶喜不喜歡聖木塊，我不知道，水晶只是個媒介，沒有個人偏好，所以應該是你覺得它喜歡，它就喜歡。因為你的信念遲早會成為它收集的能量。這跟你選擇要用什麼方式淨化它是一樣的意思。無論你使用什麼方法，重要的是你覺得什麼方法才是最有效的，因為我更相信一個人的信念帶來的影響。

至於聖木塊有沒有淨化功能？姑且不談聖木塊的原產地，但我想你口中的聖木塊指的就是檀香木塊吧？Santo = Sandalwood。木頭本身有進化空間的效果，而且不只是木頭，也可能是艾草、薰衣草、玫瑰等自然元素。任何一種天然的地球元素，其實都有某種程度的淨化效果，無論它們以什麼方式呈現。

問：如何發掘自己的人生藍圖、課題與使命？

答：

真心想要發掘自己的人生，就不要讓任何事阻擋你活出想要的人生，勇敢地克服所有恐懼，不要讓恐懼說服你放棄夢想，也不要讓任何人事物成為你不能活出自己的藉口。

因為每一個恐懼背後，都隱藏著你的課題。人們會透過正視與處理恐懼的過程，理解自己的課題究竟是什麼，也會開始對自己的人生產生全然不同的視野。這可以幫助你釐清自己未來，可以成為什麼？有什麼潛能？以及想要達到什麼樣的人生目的……

一旦人們對自己的生命藍圖有更清楚的描繪，自然就會知道自己的使命是什麼。如果你真的對自己的人生藍圖、課題與使命很有興趣，就從處理與面對自身的恐懼開始吧！

從疲憊的夢境回復、如何學會為自己負責

對應頻道 325 集

問：作很多夢之後往往會覺得很累，請問醒來後要如何讓自己保持神清氣爽呢？

答：人之所以在睡覺時作夢，往往是因為「日有所思，夜有所夢」。通常在日常生活中有壓抑情緒的習慣，這些感覺會在睡覺時反映成夢境。

如果我發現發現自己作很多夢，醒來時又感覺身心疲憊，我會縮減當天的行程，並在那一天安排自己喜歡的活動，可能是沖杯好喝的咖啡，或是到喜歡的早餐店享用早餐。

讓自己精神好的方法，就是做些開心的事。我會確保一整天的安排都是自己喜

歡的事。可能會放一天假，把客戶安排到其他時間。也可能會選擇逛街、畫畫、看本書、追部想看的劇，要不然就是找朋友吃頓午餐，跟對方聊聊夢境。

如果還記得夢境的話，我甚至會花點時間寫下夢中的情節，仔細**觀察它是否有與現實雷同的情境與情緒**，並試著理解究竟為什麼越睡越累。之所以寫下來，是因為當這些夢境以白紙黑字的方式呈現在自己面前時，可以避免它在腦中過度發酵，並以客觀的立場找到解決問題的答案。如果我可以在現實中找到對應的問題，就著手處理，防止它成為囤積在腦後的焦慮，再度反映成我的夢境。

如果我因為前一夜作太多夢未能好好休息，我會允許自己睡個小午覺，利用任何機會重新補充能量。很多人一覺起來發現自己很累，往往不是允許自己休息，而是不斷地鑽研自己為什麼這麼累。但這種過度鑽研，又找不到答案的燒腦行為，最後只會讓自己更疲憊。何不找個可以補充睡眠與體力的方法呢？

人們只需要稍微轉換心態，學會與自己的情緒共處並放鬆，相信睡眠品質就會得到改善。此外，有些維他命輔助品也可以幫助大家擁有更好的睡眠。又或是在睡前靜坐，學會排放情緒後再睡覺，也是個方法。

記得，身體累了就會想要休息，心累了也一樣。如果一覺醒來發現疲憊感是源自於心，最好的解決方法還是從處理情緒上的問題開始。

問：如何學會為自己負責？

答：

「負責」的意思，就是承擔自己的言行舉止所延伸出來的種種後果與責任。以靈魂的角度來講，就是承擔起靈魂安排的種種平台與功課，無論這些結果在你的觀念裡是好的還是壞的。這樣的行為在英文裡，我稱為accountability。我覺得一個人要學會為自己負責，只要在說任何話、做任何事以前，多給自己三秒鐘的思考時間就可以。因為我們所說的每一句話，所做的每一個行為，都會引發後續反應，無論後果是什麼，我們都願意承擔，便是對自己負責。

人們可以透過這三秒鐘的時間，好好思考這是我想要說的話嗎？這句話夠尊重人嗎？還是只是單純想要傷害以及詆毀他人？這個言行舉止可以代表未來我想要成為的那個人嗎？如果不行，該如何調整呢？無論決定是什麼，都願意為自己的言行舉止所引發的後續反應負責。無論它是好的，還是壞的，都是你願意為自己負責的結果。因為你會清楚地知道，這代表的是你這個人，也是你未來想要努力成為的方向。

短短三秒的時間足夠讓你好好問自己：這是我嗎？這足以代表我嗎？這是我未來想要成為的模樣嗎？

如果你的答案是肯定的，放手去做吧！無論未來的結果是什麼，你都會支持自己的決定。這樣的心態基本上就是為自己的言行負責。

記得，為自己負責不光是負責好的事情，也包括生命中不好的事件。包括你選擇你的父母、另一半、人生功課等等……這些人生的種種障礙成就了你今日的成長。也**正因為承擔了自己是造就所有結果的主因，未來自然也有辦法創造任何的顯化喔！**

焦慮型依戀人格和逃避型依戀人格、觀看直播的頭痛、功課的糾結、至高無上的神

對應頻道 326 集

問：

請問焦慮型依戀人格和逃避型依戀人格的心理成因。

答：

回答問題之前，請各位注意，我不是專業醫生，只能以靈媒視角依照多年來的觀察與各位分享。

在我的觀念裡，無論是「焦慮型的依戀人格」還是「逃避型的依戀人格」，應該都是情緒引發的疾病。兩者都有想要逃避、不想面對的恐懼存在。為了避免這樣的恐懼發生導致自己受傷，他們便會尋找情緒可以依賴的對象，因此逐漸形成這樣的人格。這與小孩在害怕又受到驚嚇時，會習慣性地尋找讓他們覺得有安全感的物

品擁抱是同樣的意思。

任何「依戀人格」都有將自己的情緒轉移到任何一件人事物上的行為，這些人事物往往用來影射或轉移他們內在的情緒。例如，內心害怕被拋棄的人，往往會選擇現實生活中最不可能拋棄他們的人事物來做為情緒依賴的對象。

「焦慮型」與「逃避型」的差別，在於他們面對內心恐懼時，選擇用來應對內在情緒的方法。以害怕被拋棄舉例，「焦慮型人格」在面對可能被拋棄時，會產生極度的焦躁與不安。他們雖然想做些什麼，但卻不知道能做什麼去改變一定會發生的結果。這樣的反應往往出自於他們習慣的肌肉記憶。也就是說，當初他們在體驗被拋棄的痛苦時，內心的情緒是焦躁不安的。很可能因為當時年紀太小，能做的事有限，以致於無法改變被拋棄的結果，從而養成了對某些人事物的依賴。導致他們若再次體會到被拋棄的恐懼時，身體自然會出現焦躁不安的反應，並急著想要從依戀的對象身上得到安慰。

「逃避型人格」也類似，只不過他們完全不認為自己有處理問題的能力，所以選擇逃避，說服自己問題根本不存在。以害怕被拋棄為例，「逃避型人格」當初體驗被拋棄的痛苦時，可能會選擇用其它藉口或理由說服自己不是被拋棄，或者會為拋棄他的人做各種辯解。因為只要這件事不是真的，被拋棄的事情就完全不成立。他們可能會將自己的情緒轉移到其他人事物上，藉此平緩情緒，也因此對某些特定人事物產生依賴的習慣。這也使得他們若再次遇到可能被拋棄的恐懼，會反射性地顧左右而言他，試圖轉移話題。

這兩者都是情緒所產生的疾病，並透過依賴的行為掩飾內在的不安與自卑感。一旦理解他們恐懼的源頭，就能理解他們後續所發展的行為。

問：為什麼有人觀看版主的直播和文字時會頭痛呢？是因為版主的能場太強，讓他們無法附和嗎？

答：

基於宇宙底下的萬物都是一種振動的存在，無論是文字、言語、音樂、想法，或任何有形與無形的存在，都是一種振動。當一個振動能量與另一個振動能量之間產生太大的斷層或落差時（無論是過快還是過慢），都有可能引發頭痛反應。但這種反應端看每個人對不同能量所產生的特有反應，而非絕對會以頭痛的型態表現出來。也就是說，這樣的反應並不是雙方都會同時擁有，往往取決於每個人對能量振動的接收範圍有多寬多廣。

一般來說，每個人可以接受的能量振動範圍，是自己振動頻率的30％左右。在這樣的範圍內，人們會對那件事物有好感。一旦振動幅度高達50％，人們的喜好則會偏向中立。彼此差距超過70％，人們則會產生反感。

但是如果一個人很了解自己的能量場，就會知道任何人的能量振動頻率是隨時可以改變的，並會依照自身狀況而調整，沒有任何人的能場會一直固定在同樣狀態。所以清楚自己能場的人，可以透過調整心態改變能場振動，也可以藉此辨識自己與他人振動之間有多大比例的落差，並以此修正。熟悉自己能場的人可以學習自由切換到想要的狀態，就不容易受到他人的文字或影片影響。

頭痛通常是因為兩個振動的落差太大，一旦減少彼此間的距離與落差，頭痛的情況自然會減少。

問：如果與某人真的無法平和相處，例如我跟婆婆，盡量選擇不接觸，是否表示此生無法完成與此人的功課，來生還要再與此人糾結呢？

答：是。只不過所謂「做功課」並不是指要達到兩人可以和平相處的狀態。宇宙裡有各式各樣的存在，有喜歡你的，自然也會有討厭你的。基於靈魂的獨立個體性，你的靈魂導師當初安排這輩子時，並沒有期望你接受或擁抱每一個人，也不在乎你是否有喜歡或討厭的對象。祂更在意的是，**你是否可以找到不讓他們影響自身情緒的共處方式**。試想，一個靈魂要是很容易受到他人影響，又如何能擁有堅定的心志找到自己？

所以你的功課不是要與婆婆學會和平共處，也不是為了避免糾紛而選擇逃避。重要的是，無論你選擇什麼方式與她共處，都該先審視這是不是最真實的自己。我跟婆婆的關係也不好，我的做法是：選擇不邀請她來我家，也不會跟她一起吃飯。如果老公執意將她帶到家裡，我就會明確表示自己不受到尊重，並離開家等她離開。如果她執意住在家裡，我就住飯店，直到她離開為止。如果她問我任何問題，我都會誠實地依照自己的感覺回答，而不是說出她想聽到的答案。如果真有什麼重大節日必須一起出席，我也不會逃避。當我調整好自己，並學會照顧好我心靈上的需求，才發現自己對她的寬容度就越高。但更重要的是，我更清楚自己的底限，也絕對不會允許她再以任何不禮貌的態度對待我，更不會因為她的任何行為影響我的情緒。與其視若無睹（這其實是變相地叫自己忍氣吞聲），我會對她的舉止做立即的修正，努力捍衛自己應得的尊重。如果你也可以學習捍衛自己的情緒，並讓自己不受到她的情緒影響，那才是決定你們兩個是否還要繼續做功課的關鍵。因為只要你從這個功課中進化了，就沒有跟她「一起」做功課的必要。至於她要不要進化，則是她的事。

問：宇宙真的有個至高無上的神嗎？祂是一種能量嗎？

答：如果以人類的觀念來看，認為宇宙至高無上的神是一個人，那我的答案是絕對否定的。我雖然可以感受到宇宙間有一股龐大的能量，卻可以明顯地感覺到那不是單獨的、類似人形的存在。就整體來看，它比較像是一種能量，以 No where 以及

Everywhere 的方式存在，因此會讓人感覺好像在自己之內，但又好像在自己之外。這種感覺就像靈魂導師的存在，靈魂雖然在我們的身體裡，但祂的宏觀卻遠超出身體能負擔的。當人們與自己的靈魂導師對話時，雖然靈魂一直存在我們體內，我們卻感覺自己好像在與外來的靈魂對話。這正符合宇宙底下的一個定律——你是單獨的個體，也是群體的一員，更同時是全體的一部分。

宇宙並不是由至高無上的神管轄，而是一種更全面、更龐大的集體能量存在。

花精療法的運作過程、瑜伽的作用、金剛經、龍

對應頻道 327 集

問：

請問花精療法的運作過程。如果內心不夠強大、不夠愛自己，花精有用嗎？相反的，如果內心夠強大、夠愛自己，還需要使用花精嗎？

答：

我對花精的了解不夠深入，只能就自己目前的研究與各位分享。所有天然植物都有專屬的療癒效果，花精本身是用天然的方法萃取出來，無論一個人是否需要被療癒，都不能抹滅植物本身的療癒功效。運作方法就跟亞洲人知道的食療大同小異，都是透過缺什麼補什麼來達到身體平衡的效果。

如果一個人的內心不夠強大、不夠愛自己，花精的確可以產生些許療癒的效

果，當你對人生感到有點困惑、或是生病感到無力的時候，花精就有點像普拿疼，可以暫時舒緩你當下的感受。但它治的是標，不是本。

所以我還是覺得，每個人應該著重在強大自己的內心，學會愛自己，才是長遠之策。對於內心不夠強大、不夠愛自己的人，花精的確有一定的效用；但對於內心強大，夠愛自己的人來說，其實不太需要透過任何外在物品的輔助。因為他們對自己有覺知，能夠隨時調節自己的情緒與感受，不需要藉由外物影響自己。

問：做瑜伽時，人體的能量運行產生了什麼樣的變化？為什麼這樣的運動能夠延年益壽呢？

答：瑜伽雖然不是我偏好的運動，卻是身旁許多朋友們的熱愛。當人們練習瑜伽時，會把重心放在自己的肢體動作以及呼吸上，這些舉動都可以幫助人們專注在當下，放緩原本急躁的生活模式。

除此之外，靜坐、冥想，或是任何可以讓人放慢腳步，助人專注於當下的行為，都可以讓人從毛躁不安、焦慮以及不穩定的能量場，轉換成較為平靜與和諧的能量。

所以，任何可以讓你專注在當下的行為，無論是否是一種運動，從身心靈的層面來看都是有益而無害。如果有人每天花五秒鐘讓自己慢慢呼吸，練習活在當下，又或是做些運動，例如氣功、太極拳等放慢腳步的行為，應該都可以幫助人們延年益壽喔！

問：想了解金剛經的經文。

答：

我沒有研讀過金剛經，只能以觀察者的角度跟大家分享。我看人們持金剛經的時候，會出現一層猶如保護膜般的能量場。這樣的能量場跟大悲咒不太一樣，更像是在持咒者身旁產生類似強化功能的能量場，用來加強他們原有的能量。由於這種能量場主要圍繞著持咒者，所以也讓我思考，會持金剛經的人應該都是希望藉此增強能量場，好讓自己不受到外界的干擾吧！

問：請問版主現在還看得到龍嗎？牠們代表著什麼？對人會產生什麼樣的變化與影響？西方的龍長得跟書裡面的龍一樣有翅膀嗎？

答：

我並不清楚龍代表的是什麼，又象徵著什麼。我雖然看過東方的龍，也看過西方的龍，卻不曾感覺牠們會產生什麼樣的效果，若真要說，可能就是當下的氛圍有點不一樣，有時候感覺更有活力一點，更有力量一點。

我無法形容牠們的出現會對人產生什麼樣的變化與影響，因為我看見牠們的時候，並沒有感覺牠們對我產生任何影響。可能偶爾看到時我的心情會好一點，但那跟我看見快樂的人時，而被對方影響的感受是一樣的。

東方的龍的確大多像人們認知那般細長，西方的龍也大多有翅膀，但我後來發現這可能跟當地的自然元素以及人的信念有強烈的關係，因為人們的信念往往會造就能量的成形模樣。

左進右出的能量、如何減少內心的掙扎與矛盾、連結植物與礦物

對應頻道 329 集

問：能量場跟能量有左進右出的說法嗎？比如很多賣水晶的人說水晶不能戴在右手，因為右手是出口，戴了會倒楣。

答：以我多年的觀察，宇宙的所有能量都有進口和出口。而身體上為「一對、一雙」的地方，例如眼睛、耳朵、鼻子等其實都有所謂的進出口。但這並不表示它們永遠都是一進一出，有時候進出口會發生在同一處，好比鼻孔，吸氣跟呼氣都是使用同一處器官。

若單就左右手來討論，以我的觀察，右撇子的能量大多是從左邊進來，從右手

出去。而左撇子的能量則大多是從右手進來，從左手出去。因此，「左進右出」這種說法是不一定的，應該取決於慣用手是哪一隻手，才會決定能量進出方向。不過這並不是絕對的，像我這種先天左撇子，後天才被改造成右撇子，能場上的進出就是可以被改變的。

雖然所有能量都是有進有出，但跟手上戴的水晶沒有任何關係。因為水晶本身是自然元素，它的輸出與輸入都存在同一個實體上。想像水晶是一塊磁鐵，可以同時擁有正負兩極，不會因為戴在左手就變成全正極，也不會因為換手戴就變成全負極。因此在我目前接觸過的所有水晶裡，還沒有遇到戴在右手就會倒楣的問題喔！

只不過，在信念會創造實相的基礎上，如果賣家這麼相信，或許他販賣的水晶，又或是戴在他身上的水晶，真的會產生他所相信的反應喔！

問：

在決定行動之前，經常會卡在恐懼、拖延、猶豫之中不得動彈，如何有效地克服這樣的掙扎，並減少浪費時間與痛苦呢？

答：

這種時候就該參照 Nike 的廣告「just do it」（做了再說吧！）

依照我多年經驗，人生的恐懼是計算不完的，你可以一輩子逃避它們，但你會發現它們並不會因為時間的流逝而消散。也就是說，這一輩子不處理的恐懼，到了下輩子還會延續。在你真正著手處理恐懼之前，它只會隨著輪迴不斷地累積。就拿一件你怕了很多年的事物來舉例，在你怕了這麼多年且無所作為的情況下，你是否就不再怕這件事物了呢？

拖延、遲疑、猶豫都是因為恐懼而產生。因為害怕別人的批評，或怕做不好、失敗……無論是為了什麼，因為內心害怕那個結果，才會透過種種的行為不讓它發生。所以當你發現自己有上述行為時，更應該做的是仔細思考自己害怕的究竟是什麼，那才是你真正需要正視與克服的恐懼。

恐懼是種放越久越臭的振動，各位應該注意到，那些歷經數輩子輪迴的恐懼，可能至今還是怕，而且怕得莫名其妙。如果人生中有任何恐懼是新鮮的，也就是你在這輩子有跡可循的，立刻處理它絕對是最好的解決方法，不要等到恐懼發酵，你會更不知道該如何處理。

如果我真的有什麼建議可以給各位，就請閉上眼睛，深呼吸三次，然後睜開眼，硬著頭皮去做吧！因為我相信在這之前，你們已經在腦子裡模擬過最糟的狀況。既然什麼事都不做就已經可以想像最糟的結果，那麼真的放手做了之後，再糟也就是那樣，往往都會比那個結果更好。如此你就不需要浪費那麼多時間與精力為此感到痛苦了。

有人想知道，如果害怕死亡該怎麼辦？總不能讓人先試試看再說吧？人之所以害怕死亡，是因為對死亡不夠了解，以及對於未知的恐懼。如果意識到自己對死亡有強烈的恐懼，與其一味地害怕，倒不如對死亡更全面的了解。可以試著理解死亡之後是什麼樣的世界，也可以試著讓自己活得沒有遺憾，更可以思考自己害怕死亡的真正原因是什麼……很多時候，當人們對靈魂有更深一層的認識，就會間接地減少對死亡的恐懼。

問：如何閱讀和連結植物和礦物呢？

答：礦物是地球的自然元素，它不是生命，只具有收集能量的功能，所以我不是很清楚為什麼要跟它連結。但假設真的有這個必要，我相信這會跟宇宙底下的生命連結是同樣的道理。

首先，讓自己專注當下，盡可能不受任何外在環境或情緒的影響，學著放棄邏輯的支配，讓自己沒有任何的期待與預設立場。因為我覺得個人的情緒、預設立場與期待，是人們無法連結的主要原因。所以在你試圖與任何事物做連結之前，無論你用什麼方法，都請試著將這三樣東西從自身移除。

接著，了解宇宙底下萬物都是一種振動，包括你自己在內。當振動相符時，它就會與你自身的振動產生共鳴，讓你產生一種「早知道」的感覺。通常這種感覺源自於人們接收訊息的第一時間，往往會從記憶裡搜尋最熟悉又對應的感覺，來詮釋自己接受到的訊息。

好比你在國外吃了從來沒吃過的食物，咬下第一口的時候，你會反射性搜尋截至目前為止吃過最相似的食物來歸類它。所以這時你可以試著觀察自己的體內是不是有類似的感覺產生。

許多人急著想開第三眼，是覺得任何接收到的訊息都會以感官的方式呈現，例如聽到什麼，或是看到什麼。但我認為，在這個過程裡最重要的不是聽到什麼或看到什麼，而是你**感受**到了什麼。當你們急於與動植物做連結，我覺得首先要做的是學會放空，拋開情緒與期待，比較能夠以中立的立場，用心感受周遭的振動。當你允許所有振動可以以最自然的方式呈現，並且沒有持任何預設立場詮釋它時，你自然可以與更多的動植物做連結。

如何捕捉訊息、道教的符咒、收驚、刺青的限制

對應頻道 330 集

問：如何從宇宙抓取訊息？

答：我認為人們之所以接收不到訊息，是因為人類的主觀意識太重，導致人們覺得自己什麼都聽不到、看不到、感覺不到。即便真的感受到什麼，只要它不是以預期的方式呈現，也會說服自己這些感受不存在或是捏造出來的。

基於宇宙底下所有的事物都是振動的情況下，如何抓取宇宙的訊息，就跟之前提到與動植物溝通的方法一樣。首先，讓自己「回到當下」，也就是不受情緒與主觀意識影響的狀態。這往往可以透過簡單的方法，例如靜坐或呼吸，達到這樣的效

果。

在練習回到當下的過程中，可以審視自己的情緒與期望是否已移除，這些都是會影響接收訊息的因素。當自己回到中立狀態時，可以感受自身與周圍的振動，並留意它們帶給你的感覺，以及自己會用什麼方法詮釋。這些感覺有時候沒有任何來由，也沒有任何意義，只是因為振動所產生的共鳴，這樣的感覺正是你們所說的「開通頻道」。

不要執著於宇宙訊息都是冗長且有條理的，大部分的宇宙訊息都是非常突如其來又無厘頭的。你可以先讓自己熟悉接收訊息的感覺，再試著用意識裡相似的文字形容那樣的感覺。慢慢地，你應該就可以區分自身以及外在訊息的差別。在現實世界裡，只要眼界越寬廣，接觸的世界越多元，能詮釋這些感覺的文字與工具自然就會越多。如同我一再提到的，一個靈媒的背景知識可以影響他詮釋訊息的角度。

問：想聽聽道教的符咒原理。東南亞的下降頭又是怎麼一回事？運作原理是什麼？

答：

我覺得天底下所有的魔法、巫術與詛咒，都建立在相信的基礎上。信念越龐大，產生的影響也就越大。

符咒的原理來自人們對某一件事物產生集中的信念，無論這個信念是加持或封印。任何經文與咒語都有它本身的效用，這往往是由人們長期對於某經文或符咒投入信念，讓它形成可以獨立存在的能量。所以，經咒文本身的能量，再加上法師們的施法與加持，自然會讓符咒產生想要達到的效果。

下降頭是透過破壞當事者的能量，在能場破壞的狀況下，強行加諸另一個能量，以達到施法者想要的效果。可以想像成，原本好好的電腦硬被置入亂碼。通常，由於突然置入完全不相容的振動，導致當事人產生如同當機或完全錯亂的狀態。這時，法師的功力就像寫亂碼的程式設計師，功力越高，產生的影響力就越大。降頭對人的影響力，完全取決於法師的功力。同樣的道理，一個能場很強的人猶如電腦裝上防火牆，對於外來的攻擊自然會產生基本的防護。

要知道任何魔法、符咒以及詛咒，都是建立在將能量凝聚於特定物品、圖形或咒語之上，再將能量投射在想要影響的標的物，進而達到施法者想要製造的效果。這也是施法者本身的能量與信念對於所施加的巫術有很大的影響的原因。

但也不要忘了，施加任何法術往往需要付出代價。特別是當它影響了其他人的人生功課與平台時，即便在施法當下沒有任何感受，但一旦這個法術遭到破壞，這些咒術一直以來所產生的影響，往往也會加倍反噬到施法者身上。這也是感官敏感的人更要注意自己言行舉止的主要原因，因為任何違反天理或宇宙常理的事情都是要付出代價的。

問：

在台灣如果嬰幼兒受到驚嚇，導致晚上睡不好又哭鬧不停，撇除身體不適的原因，帶去收驚真的有效嗎？收驚後比較好睡，原理又是什麼呢？嬰幼兒受到驚嚇時，身為媽媽又該如何處理呢？

答：

如果小孩子受到驚嚇，晚上睡不好，帶去廟裡收驚其實是有效的。這是基於宇宙底下的萬物都是一種振動的原理。當我們受到驚嚇，人們的振動會呈現不規則、不穩定的狀態，在這樣的情況下，人們的心情很難平靜、穩定，自然一有風吹草動，就很容易受到驚嚇。

收驚的原理就是使用能場較大的振動去撫平原本不規則的振動。一旦嬰幼兒的周圍振動開始變得平穩，他們自然不會那麼容易受驚嚇。而在廟裡收驚，除了凝聚廟裡的穩定能場，還有師兄姐們的專注力以及龐大的民眾信念，這些元素全都是可以影響振動的要件。如果把受到驚嚇的狀態比喻成高溫狀態的油，就能理解為什麼風吹草動都會使人受到驚嚇，因為那就像任何物品只要滴到高溫油裡，都會不斷地產生氣泡。收驚就好比把高溫油快速降溫，在常溫狀態下，油脂（人的能場振動）自然不會對任何物品產生太大的反應。

至於媽媽要如何處理易受驚嚇的孩子？五歲以下的小孩的能場大多是與母親相連結的，所以母親的情緒狀態往往會直接影響這個階段的嬰幼兒能場。如果母親的能場與情緒穩定，她的振動自然會直接影響小孩，或是形成保護小孩的屏障。只不過，大部分的新手媽媽看到小孩子哭鬧時，情緒常會不自覺地受到影響。所以，媽媽們遇到這樣的狀況時，首先要平穩自己的情緒，相信自己有穩定小孩能場的能力，再以穩定的心態安撫小孩。安撫時，可以有意識地為小孩設立穩定能場的保護罩，通常在三到五分鐘左右，小孩子會跟著穩定下來。

這個情況其實跟人們遛狗有點像。一個能場鎮定的主人，通常小狗也會情緒穩定；而情緒緊張的主人遛狗，就容易遇到小狗躁動。這其實都是透過較大的能場取代不穩定的能場。就好比有時你站在某些人身邊，浮躁的情緒就會莫名其妙地逐漸安穩；又或者很常聽到有人說，只要在你身邊，他們就有特定的感覺。

沒有任何能量比母親給予小孩的能量來得強大。當小孩子受到驚嚇，請相信自己有保護他的能量吧，或許那便是你要找的答案。

問：聽說不要隨意把宗教符號當作刺青、紋身符號，會影響人體，這是否有根據？

答：

我覺得任何的圖形、符號、咒語都是一種凝聚信念的存在。至於刺青會不會影響人體，完全取決於這個文字或符號對刺青者有什麼樣的意義。有些人喜歡刺些可以提醒自己的文字，有些人喜歡刺些讓自己感到有力量的圖形，有些人則會特意選擇一些圖畫或符號，讓自己感覺受到天使或高靈的保護。

所以無論人們選擇將什麼圖案刺在身上，我覺得所產生的影響都取決於他們對該圖案的信念。如果他們覺得某個符號對自己有保護效果，刺在身上，啟動的自然是那樣的信念。如果他們覺得該符號可以給予自己力量，自然就會有那樣的力量。因此，無論選擇什麼圖案的刺青，無論是宗教或非宗教的，它對人體產生的影響完全取決於你的信念。

地震、靈魂、夢想從何而來、關於原諒

對應頻道 331 集

問：

曾看過新聞說有些人可以預測地震，他們會在地震前感到耳鳴。想請問地震是可以預測的嗎？還有，為什麼許多動物在大地震來臨前會有異常行為？對於這方面，你是否有什麼觀察？臨近地震時，你有什麼樣的感受呢？

答：

在解釋上述所有問題之前，請先理解宇宙底下的萬物都是一種振動。當外在的振動遠大過於自身內在的振動，也就是耳朵接收的頻率遠大於平常習慣的振動頻率範圍時，就很容易產生耳鳴。

振動有很多呈現方式，除了有形、無形物體是由振動組成的之外，聲音、意念、情緒，又或者地核釋放熱能時產生的地震，也是一種振動。但每個人對於振動的接受度和敏感度並不同。就跟宇宙自然萬物一樣，有些嗅覺比較敏銳，有些味覺比較敏感，有些聽力比較好，有些則是感受力比較強……除非經過特別訓練，要不然生物往往只會專長於一兩項感知的項目上。然而，會耳鳴的人並不表示他們的聽力很好，只代表他們很習慣用耳朵接收頻率的振動，當外在環境一旦有任何振動的改變，他們就會產生耳鳴。所以，依照每個人的敏感度不同，不一定是地震才會耳鳴，有些人可能是身邊有任何重大節慶的活動，又或是附近有任何動土動工的工程，可能都會讓他們產生耳鳴。

如果各位理解這個道理，就知道任何振動互相交錯影響時，都會對彼此製造一種感應，而自然生物會透過不一樣的感應能力感受環境的變動。在大地震發生之前，地核早已經開始運作並釋放熱能，熱能釋放所產生的振動會驚動到平常就有感知力的動物，進而朝著振動中心的反方向逃亡。每一種動物的感應力不同，有些可能在地核運作時就可以感覺到，有些則要等到熱能開始對外傳送時才可以感受到。依據地震的大小，通常在地震實際發生的三到五天前，地核就已經開始釋放熱能。當這種振動發生時，周遭的頻率自然會受到影響而改變，平常比較敏感的人就會感應到變化。但如上所說，由於每個人的感知能力不一樣，並不是每個人都會耳鳴。有些人會覺得頭部壓力突然增加，有些人會感到耳壓變重，還有些人會感到前額不適。這取決於每個人接受或感應頻率的不同，但基本上地震應該是可以預測的，至於是否能「準確地」預測，端看個人的經驗。

由於地震是可以被預測的，所以有人發明地震儀推算地震發生位置、震央以及強度。人之所以具備這樣的感知，是因為我們的本質就是一種振動的存在。當感覺到這種改變時，自然會有不同的反應，跟動物一樣，這是一種自救的本能。

我對地震的感知並不敏感，很多時候取決於當下的狀況，又或是所在位置，但由於它並不是我平常會特別練習的感應肌肉，所以除非振動的改變太過強烈，不然是需要特別開頻道探查的。我在正常的情況下，在大地震發生前的三到五天左右，如果剛好置身在地震範圍內，往往會感到躁動，或是頭部以及耳壓不平衡。

問：

靈魂是沒有情緒的意識體嗎？我們在靈魂狀態時，都清楚知道自己要做什麼才選擇投胎嗎？為什麼每個靈魂有不一樣的悟性？沒投胎的靈魂都在做什麼？靈魂有

什麼娛樂？

答：

只要是意識體，就會有個人偏好，以及喜怒哀樂等情緒。所以不能說靈魂沒有情緒，應該說靈魂的智慧昇華到某一個程度的時候，就比較難有情緒上的波動。再加上許多情緒需要透過身體的感官去刺激，所以在沒有這些感官的刺激下，靈魂就顯得沒有情緒起伏。特別是安排輪迴的時候，祂們會先排除自己的情緒，才能夠仔細安排輪迴時可能遇到的種種情境。

當我們在靈魂狀態時，肯定知道自己要做什麼才會選擇投胎，只不過神性般的智慧會低估了人性的執著。雖然靈魂會考慮人的種種情緒，而設計各種應變措施，並且在人生裡安排各種貴人、機會、提示卡……以協助自己克服恐懼以及障礙。但當靈魂實際投胎後，卻發現人們更執著於自己的恐懼，他們寧願讓恐懼綁架人生，也不願意前進創造未來。這感覺就像無論大學教授以為自己出的題目有多麼簡單，小學生永遠都覺得困難得無法回答是一樣的意思。

靈魂通常會先安排人生藍圖、平台以及功課，才會選擇投胎。之所以有不一樣的悟性，除了每個靈魂累世投胎以及成長的過程不一樣，更重要的是取決於他們這一輩子所要學習的功課是什麼，所以會安排不同的悟性來製造出不同的領悟與體驗。所以悟性不好並不表示靈魂比較笨，而是靈魂根據這輩子要學習的功課來決定悟性高低。

不選擇投胎的靈魂可以做很多事情。由於不受時間與空間限制，可以到宇宙的任何角落，也可以自由往返任何時空。他可以回到過去看恐龍、觀察古埃及金字塔如何建造，也可以到未來看看科技的發展，可以去找火星上的生物，也可以看看海裡有沒有人魚、地心有沒有蜥蜴人等等。他可以研究接下來的人生要如何安排，也可以選擇當某個人的小天使，又或是指導靈。在沒有時間與空間的限制下，靈魂有很多事或娛樂可以做，而且絕對是超出人類的邏輯可以想像。

問：

夢想如何而來？為什麼有些老師勸人要腳踏實地生活、接受現實，說夢想只會害了自己？如果向宇宙下的訂單不適合自己，又會發生什麼事情？

答：

真正的夢想源自於靈魂的渴望，但許多人卻習慣透過邏輯建構自己的夢想。用邏輯建構出來的夢想，往往是為了滿足慾望，既天馬行空又不切實際，很可能一點也不適合自己的靈魂規劃。這也很可能是被老師規勸要腳踏實地接受生活的主要原因。

靈魂渴望的夢想是單純的，可能是自由、勇敢、力量與愛……為了達到這樣的目的，他們會安排無數個一旦擁有這些感覺後可能產生的未來。這很可能是人們在設定夢想或探索未來時，會有「自己好像可以成為什麼」的影像的原因。只是人們往往太執著於那個**物質**的呈現，忽略了那個**境界**真正想要感受到的**領悟**。

人之所以投胎，除了要幫助靈魂成為他想要的模樣，更重要的是要找到身心靈平衡的方法，因為這在靈魂狀態下是做不到的。真正可以幫助靈魂成長的不是一味追求夢想，而是真實地體驗過程，感受它能夠帶給你的高低起伏以及喜怒哀樂。如果只是單純地追求夢想，很可能會在身心靈上失去平衡。在身心靈三方位都可以同時成長的情況下，當人們真的成為靈魂想要的模樣，才會有夢想成真的真實感受。

所以下次如果遇到老師勸你腳踏實地，不要一直作夢，可以審視一下自己的夢想，是不是只為了滿足個人的慾望，而不是幫助靈魂成為祂想要的模樣。基本上，夢想是從靈魂最深處的渴望而來。

此外，不需要擔心自己對宇宙下錯單會發生什麼事，因為宇宙根本不可能給你下錯單的機會。雖然在人類的邏輯裡會覺得：「這根本就不是我要的！」但那是因為宇宙從來不會回應你的慾望，而是此時此刻的你是什麼狀態。它帶給你的種種回應，絕對是為了協助你的靈魂成長，無論是威脅或利誘。所以與其擔心自己下錯單，更應該**著重在把自己的狀態調整好，宇宙自然會對此有所回應。**

問：無論是原諒別人、讓別人原諒自己，還是自己原諒自己，如何擺脫自責和罪惡感的束縛呢？

答：

我覺得人們對「原諒」有很大的誤解，那就是人們普遍認為，一旦原諒別人，就表示自己必須接受對方不合理或不能接受的行為，並且要強迫自己與對方和平相處。但我說過：原諒不等於接受；原諒一個人並不代表要繼續接受對方的行為，或是允許他們繼續存在你的生命當中。一旦你可以將這兩者分開，才更容易原諒他人。當然，這同樣代表一旦別人原諒你，不表示他們未來就必須接受你。

你之所以原諒是為了幫助自己解脫，不是為了讓對方心情好過。無論對方曾經對你做過什麼，又或是你曾經做過什麼，之所以選擇原諒，是因為你清楚地知道那個過去的事件之所以發生，是為了帶給你什麼樣的成長，但這不表示你在未來也必須扮演同樣的角色。不要讓自己一直停留在過去痛苦的回憶裡，原諒是為了幫助自己前進，而不是一直留守在過去。

原諒別人是為了幫助自己放下，不是為了取悅對方。會有自責與罪惡感，大多源自於自己是做錯事的一方，又或許是還有明知道自己該做什麼，卻遲遲沒有執行的事。真心想要得到原諒，就趕緊更正錯誤的行為，而不是一味地希望別人重新接受你，並且期望一切都可以回到過去。如果自己真的已經從錯誤的事件中成長，就請放過自己，因為你並沒有白白浪費那個事件的發生。你可以回去為自己的行為道歉，但不能期望對方一定會原諒你，或是重新接受你。只要你從錯誤的行為中更正，並為自己的行為道歉與負責，對方原不原諒你，自然也是他必須學著成長的過程。

當你開始了解事件之所以發生的目的，並可以從事件中獲得成長，就更容易原諒他人與自己喔！

平衡法則、外星人傳訊、睡眠調整

對應頻道 333 集

問： 什麼是平衡法則？如何找到生命的平衡？

答： 想像平衡法則就像是一座天秤，當你在任何一方放置太多東西，另一方就會失衡。生命中的平衡法則並不表示要絕對平等，而是兩者之間不會產生太大的差距，並且可以維持生命各個面向的平衡，那就是最佳的平衡法則。

在人們的觀念裡以為所謂平衡比例是五比五，但其實最好的平衡比例通常是依照所居住星球的不同元素比例來計算。如果以地球計算，最好的平衡比例並不是五比五，而是三比七（至四比六）。這個比例是由星球可明顯劃分的大比例而來，不是每個星球都用相同元素劃分。

地球有60%到70%的水，以及40%到30%的土地。這個比例就像人的身體有將近70%的水分，以及30%的實質肉體。如果把這個比例套用於身、心、靈三方面，會發現任何一方的比例都差不多是30%到40%，也就是說，最完美的平衡比例應該是身心靈各佔三分之一。同樣的道理，對你來說最完美的愛情也並不是百分之百快樂，而是快樂的比例遠大於痛苦哀傷的比例。當快樂的比例高達70%，就會覺得這段關係是完美契合的。

無論是人生中的喜怒哀樂、優點或缺點、正向與負面、光明面與黑暗面，或是友情、愛情與親情，甚至是飲食習慣……各方面都是可以練習平衡法則的平台。所謂平衡法則，正是你可以為自己創造出理想生活的完美比例。

至於如何找到生命的平衡？我曾說，生命是由心靈（情緒）、身體（邏輯）和靈魂（直覺）結合而產生。不對任何一方產生過度的依賴，讓身心靈各自得到均衡發展，就是一種平衡。

就好比你每天因為生活壓力而緊繃，明明知道自己的狀況不對勁，卻還是硬撐著繼續承受所有壓力，不懂得釋放自己的情緒……這就是一種失衡的舉動。明明知道自己受了委屈，卻從來不為自己辯解；明明知道這不是自己想要的人生，卻為了滿足他人的期待而說服自己……全是生命失衡的狀態，也是你可以練習平衡法則的平台。

如果人們能帶著覺察去協調各種生活狀態的平衡比例，並付諸行動改善自己的生活，身心靈自然會在各個層面得到提升，達到生命的平衡。

所以，關於尋找生命的平衡，我建議一定要對自己的言行舉止、情緒與感官有所覺知。如果總是習慣性地忽略自己的情緒與感受，也就無法著手處理以及改進自己的生活。

產生覺知的第一步，是讓自己先了解到：「我現在為什麼有這樣的情緒？」「我的壓力是不是太大了？」「這真的是我的靈魂想要的嗎？」有所領悟後，再思考自己如何改善現狀，並協助自己朝想要的方向發展。當你實際執行時，就會發現情緒舒緩許多，這就是幫助找到生命平衡的過程。

問：有位叫巴夏的外星人透過地球上的靈媒 Daryl Anka 傳遞訊息。我很好奇，真的有外星人可以用這種方式與人通靈嗎？如果是這樣的話，探索宇宙生命的任務，好像交給靈媒會更快一些。

答：

基於宇宙底下的萬物（包括思想、意念、行為、情緒，以及所有有形與無形的物質）都是由振動所組成的前提之下，任何振動都不會受到時間與空間的限制，並且可以透過彼此的交流溝通。

也正因為靈魂不會受到時間與空間的限制，無論彼此的距離有多遙遠，只要熟悉對方的振動，自然可以隨意接收以及傳遞任何訊息。任何能量體只要有振動產生，接收者又有接收該振動的頻寬時，就能形成兩者間的通訊。通靈是藉由頻道相合產生共振，所以不會受到物種的限制。

這些能量體可以是儲存能量的自然元素、看不到形體的精靈、天使，或是具有生命的動植物……如果各位了解這樣的道理，也就能理解為什麼有些人可以通靈到外太空。

但這是否表示探索宇宙生命的任務直接交給靈媒會比較快？這樣的行為基本

上已經違反了生命的平衡法則。姑且不談宇宙之大，不是由少部分外星人就可以提供所有資訊。人們若將宇宙的真相全都仰賴靈媒傳遞，又如何能確保它的真實性呢？科學研究與邏輯思考又如何扮演它們的角色呢？

我曾多次說過，宇宙的訊息雖然是共享的，但依照每個人的教育環境、文化背景與個性的不同，對相同訊息的理解與詮釋能力大有差異。就如同宗教的本質是一樣的，卻可以分裂出南轅北轍的不同教別是一樣的道理。每個人面對相同訊息時，除了表達上各有差異，理解程度也大不相同。

所以就我的角度來看，與其過度仰賴任何一方來探索宇宙生命的真相，更應該藉由不一樣的方式探索，以不同的觀念角度理解，才能更接近事實。因為即便每個人對訊息的詮釋各有不同，但訊息的本質從未改變。

問：如何讓習慣晚睡的身體有效地調整為早睡的作息呢？

答：回答這個問題之前，我想先讓各位知道，我並不認為晚睡不好，就好比宇宙底下天生就有白天活動的動物，以及夜行性動物。

所以在改變睡眠習慣以前，我覺得人們更應該先了解自己屬於哪一種類型。這通常可以在一段沒有壓力的生活模式下，仔細觀察自己在哪一個時段的精力較旺盛，又是在哪個階段會自動進入疲憊狀態。這樣，應該就可以大致分類自己是屬於白天的動物，還是夜行性動物。

在正常的情況下，沒有人會刻意調整自己的睡眠習慣，往往是因為受限於日常生活的需要，才會改變。所幸任何睡眠習慣其實都可以透過刻意的練習去改變。

首先，你可以為自己建立一套進入睡眠的暗示。以我自己為例，當我準備睡覺時，可能會先看個電視放鬆，再轉換到手機。我不會打開臉書或任何社交媒體，往往只會挑選我知道會讓自己放鬆的影片。由於我對聲音十分敏感，所以也不會開啟任何音量，以免刺激其他感官。在看了一兩部影片之後，會轉換成閱讀電子書，因為電子書上沒有任何藍光與色彩，眼前的畫面也相形單調。每當我的睡眠程序進入這個步驟，我的肌肉記憶就會告訴自己要睡覺了，因為這是我為自己建立的睡眠暗示。

但我老公跟我不一樣，他覺得任何影像畫面都會讓他的腦子過度活躍而無法休息，所以他喜歡聽 podcast 幫助入睡。每當他睡不著的時候，都會點選幾個能夠協助他入睡的 podcast 來聽，通常都是音頻較低的聲音，這個方法往往適用於習慣聽到白噪音而感到安心的人。

所以，如果真的想從習慣晚睡調整為早起的作息，第一步就是先為自己建立睡眠暗示的習慣。這個習慣一旦養成，改變睡眠作息的時間自然容易許多。通常都是從你平時習慣睡覺的時間開始練習。

習慣建立之後，可以開始逐步調整睡眠時間。不用急著將原本習慣凌晨一兩點才睡的習慣，一下子就改成晚上八點。建議每次的調整時間約莫15分鐘到30分鐘。等到自己的身體適應了睡眠時間之後，再往前調整15到30分鐘左右，依此類推，慢慢地調整。

但記得，在這之前，建立睡眠暗示的肌肉記憶，絕對是很關鍵的步驟喔！

命運的安排、靈異照片的影響、投資保險的信念

對應頻道 342 集

問：想知道天生富裕的人、後天起家努力的人、貧窮人，這三者真的是命運使然嗎？

答：

我真心覺得很難用人類的觀念定義靈魂所做的決定。人類的觀念很習慣判斷什麼是好的、壞的、對的、錯的……我們也很常用自己的主觀，決定別人應該如何活出好日子（即使他們一點都不覺得自己的日子不順遂）。如果任由我們的邏輯腦鋪陳自己的生命藍圖，極有可能只會安排自己喜歡，又或是有利於自己的決定，根本不會理會人生中所有參與者的死活。

但是，不知道各位是否想過——安逸的生活並無法幫助靈魂進化，很可能還會養成靈魂懶惰的個性。每個靈魂的進化與成長速度都不一樣，經歷的事物也全然不同。在這世界上，唯有靈魂導師最了解自己。投胎前，祂們清楚知道自己想要透過這一生學到什麼，也知道該以什麼樣的方式才能最有效地達到結果。

有些人的功課或許需要為錢煩惱，有些人則必須在財富的環境中，找尋人生真正的意義。有些人或許需要透過一步一腳印白手起家去領悟功課，而有些人則需要窮途末路後才能學會奮發向上……重點是，靈魂導師所做的一切鋪陳，絕對是對你來說最好的安排。

你認為的好與不好，不一定是你的靈魂想要的；你羨慕與渴望得到的平台，也不一定是最適合自己的。那麼，在我回答你的問題之前，讓我們先理解命運究竟是什麼？

如果「命」是靈魂幫你安排的，那麼「運」就是自己創造的。人們普遍認為「命運」兩字是不可更改的人生安排，但今天若是把兩個字拆開，或許就更能夠幫助各位理解它的意義究竟是什麼。本命、天命、生命……你是否注意到，這三個含有「命」的字彙，都像是在表達一件事或一種存在的名詞。然而，運氣、運勢、運功等等，「運」在這些字彙裡指的都是驅動、推動的意思。也就是說，氣、勢、功等都是藉由運轉與推動的動詞所形成。

所以「命運」兩字，「命」在前，「運」在後。「命」指的是 百分之三十由靈魂導師幫你安排不可更改的藍圖，「運」指的是百分之七十你可以藉由自己的力量改變的結果。一旦了解這個道理，就會清楚地知道，沒有人的「命運」是不可更改的。

靈魂導師在安排人生藍圖時，祂只會著重在這趟人生旅途中要學習到什麼樣的功課，而不會管理任何細節。但是任何功課都需要透過平台鋪陳才能產生。如果金錢的輔助可以幫助這個平台成立，那麼這個人很可能會直接出生在富裕的家庭。如果金錢可以激勵一個人努力，那麼金錢在他的人生裡就會扮演誘因的角色。

所以如果你不滿意自己的現狀，與其不斷地思索命運是不是在捉弄你，倒不如換個角度思考：金錢之於我究竟是扮演什麼樣的角色？如果我希望自己可以獲得更多，或者透過金錢得到自由，那麼現在的我究竟可以怎麼努力，協助自己達到目標？我相信這才是你應該思考的方向。

回來回答你的問題。天生富裕的人、後天白手起家的人、貧窮人，這三者真的是命運嗎？在這當中，天生富裕與貧窮是命的安排，而後天起家是運的成果。無論命如何安排，它終究也只佔了百分之三十，剩下百分之七十的運的結果，則完全掌控在你的手中喔！

問：

想知道靈體的靈，是否真的可以借由照片或影像影響接收者，例如靈異照片。如果多看一些佛像或十字架等聖物，是否也會帶給接收者淨化的效果？

答：

靈的確可以借由照片或影像直接影響接收者。但我希望這個回答不會引起各位的恐慌，從此不敢看任何影片，所以請允許我再作解釋。

我曾說過，靈魂是不受時間或空間限制的。所以不知道各位是否發現，看一些古老的照片時，我們有時會有種身歷其境的感覺？有那麼短暫的一瞬間，我們好像也跟著回到那個過去。話雖如此，你應該也發現，並不是每張照片都可以讓我們有這樣的感覺。有些照片好像完全與我們絕緣，無論我們看了多久，都沒有特別的感覺，更不用說會被它影響。

為什麼會有如此的差別呢？這取決於你與它的連結度有多強。舉例來說，假設你看到的照片是你所居住城市的古老照片，那麼在看到的當下，可能會有種「原來它以前長這個樣子啊」的感覺。在那個時候，你會允許自己的靈魂穿越到那個時空，去感受那個時代的感覺。

這種感覺不僅限於這一輩子居住的城市，很可能是在靈魂深處曾經對某個國家或城市有深刻的記憶，因此會對古老的照片產生難以解釋的感覺。同樣地，如果你看到的照片與你完全沒有任何連結，對你來說它就只是一張照片。

同理，有些人看靈異照片時會有很深的感覺，有些人則無感。這是因為觀看者看靈異照片時，腦子會不自覺產生「這是真的嗎？」的疑問。受到這種好奇心驅使，人們會與該張靈異照片產生連結，進而排除彼此在空間與時間上的限制。

此外，好奇心不是唯一的驅動力，可能是熟悉感、靈魂深處的記憶、內心深層的恐懼，又或者是探索的慾望……由於觀看者對靈異照片開了一扇門，才會受到靈異照片裡的靈體影響。這也包括那些口頭上說自己不相信，但內心其實恐懼的人。

同理可證，佛像與十字架等聖物是否可以帶給人進化的效果，也完全取決於接收者本身。人們如果對該宗教有信仰，那麼無論這些聖物以什麼方式呈現（照片或實體），都可以讓你有實質的感受。有些人會覺得靈魂得到進化，有些人則會覺得受到保護。聖物的功能完全取決於你的信念。相信它的人自然有效，對於不相信的人，再怎麼有能量的聖物，也只是一種裝飾品。

問：人們購買意外險，是不是會投注一種「我發生意外也有保障」的能量給宇宙，進而吸引意外到自己身上呢？

答：

我覺得這個問題真的取決於每個人的個性與習慣。因為有些人喜歡沒有後顧之憂的感覺，有些人則會覺得自己根本沒有這個需要。

你是否買意外險並非決定意外會不會顯化的原因，而是為什麼要買保險的動機。有些人本身就容易擔心，買保險會懷疑自己會不會顯化意外，沒買的話又擔心自己是否會有萬一。其實這兩句話都指向同一個動機，那就是購買者本身「擔心自己會發生意外」。這個信念才是決定意外是否會發生的源頭，跟買不買保險一點關係都沒有。

你的信念會決定你的未來。在這種情況下，我通常會建議人們購買，賭的是哪個決定的後果可以減少較大比例的擔憂。

拿我的例子來說，我家老公是個覺得凡事都要有保險的人，因為買了保險可以讓他比較安心，不然他的腦子總是擔心那個萬一會發生。而我則相信凡事自有天命，有沒有買都不會改變結果。那麼在這種情況下，是不是表示我要堅持己見，與老公抗爭到底？當然不是。

情侶之間所做的任何決定，都需要經過溝通。而我選擇的是，如果老公買了可以停止擔心，那就買吧！這樣我就不用天天面對他「有什麼事會發生」的信念。

你的信念決定你的實相。與其擔心該不該買保險，你更應該思考自己的根本信念是什麼？當初想要買保險的初衷又是什麼？如此你才會知道什麼決定最適合自己。

關於AI、抽牌卡的能量、如何面對內在小孩無理取鬧

對應頻道 343 集

問：想知道AI最後會不會也像地基主，變成一個地球人餵養出來的能量，擁有地球人的綜合個性呢？還是說會存有類似冤親債主那種集體意識上的投射能量呢？

答：基本上，我不認為AI會成為你上述所說的任何一種狀況。因為到目前為止，AI的一切資訊都來自於電腦的資料庫數據，也是透過電腦程式編寫出來。它很可能會像你的手機或是瀏覽頁面，會依照你提供的資訊慢慢學習你的喜好與使用習慣，卻無法成為獨立思考的個體。

就某個層面來說，我可以理解為什麼你會產生上述的誤解。第一，我曾說過地

基主是由人類的能量餵養而成。我們在亞洲形容為地基主，但在國外祂就只是一個家所產生的能量。由於地基主是由人類的能量所餵養出來，所以祂們的個性大多也與屋主的個性十分相似。而ＡＩ的任何反應都是建立在你與網路提供的大數據，如果網路大眾不斷地灌輸ＡＩ情緒用詞，那麼它們很可能就會用十分情緒化的用語來回答你的問題。由於ＡＩ是由大數據組成，所以就某個層面來看，的確感覺跟地基主很像，全都取決於餵養能量（數據）的人身上。

兩者唯一不同的是，地基主的能量一旦養成之後便是活化的，也就是說即便你不在家，地基主的能量也可以幫你維持家裡能場的穩定性。但ＡＩ卻是需要依靠啟動，在不使用的情況底下，它其實就像是沒有開機的電器，對你並不會產生任何作用與影響。

冤親債主比較像是你內在對某件事物的投射。因為類似的事情在過去的記憶裡曾經發生，所以當你再度體驗相同的情境時，記憶中的影像便會被折射出來，形成人們看得到或感覺得到的冤親債主。冤親債主主要建立在因果之上，因為有之前種下的因，才會有後來體驗到的果。ＡＩ則完全不同，它收集的大數據決定你的問題會得到什麼樣的回答。既沒有因，也沒有果。如果一個是單純的反射，另外一個則是刻意執行才能得到結果。

是說，當人們過度依賴科技產品，漸漸失去自己本能的時候，或許那個時候就真的會覺得ＡＩ無所不能，而且強大到可以掌控人類的生命了吧？那種感覺會不會像是，我們只要一天沒有網路就覺得好像活不下去？XD所以，ＡＩ會不會取代你所說的事，應該是取決於未來人類對它的依賴程度吧？就像是，我可以透過ＡＩ幫助我寫作上更完整，但如果全然依賴ＡＩ幫我創作文章，當有一天沒有ＡＩ了，我一定會不知道該怎麼寫文章吧？

問：

在網路上看過通靈者說：那些喜歡用抽牌卡，特別是塔羅或神諭牌占卜的人，常常因此沾染一些能量混濁或是魔的存在。如果抽牌時心存正念，也會這樣子嗎？替人抽牌給予訊息，是否會造成業力？

答：

我曾說過，任何與你有關的訊息，包括生日、生辰八字、生肖、星座、血型等等……舉凡任何可以用來解讀命盤的，全都在生命中扮演提示卡的角色。所謂提示卡，就像是人們演戲時，用來提示台詞的大字報或讀稿機。同樣的意思，任何可以協助你更了解人生的，也可以被歸類為提示卡。舉凡神諭牌卡、塔羅牌、人類圖、紫微斗數等等……都只能稱之為工具。

一般來說，牌卡都是由當事人抽出來，由解牌人負責講解。如果有混濁的能量或是魔的存在，反應出來的應是抽牌或解牌者其中一方的狀態吧？要不然像是自己修行修到走火入魔的人又要如何解釋？混濁的能量大多出於自身的能場，魔也大多是反射出當事人的狀態。真的本身能量混濁，又或是走火入魔的人，無論做什麼都會是相同的狀況吧？

此外，替人抽牌，給予訊息是否會造成業力？老實說，我不太能夠理解為什麼這個行為會造成業力。是因為幫助當事人解決他的問題？還是給予當事人錯誤的訊息？在每個人都是由靈魂導師帶領的前提下，無論解牌者的訊息正確與否，絕對是你在當下必須接收到的最好訊息。如果這些訊息不是此刻的你可以理解，那麼就算解牌者提供正確的訊息，也會被你完全理解錯誤。就算他提供了完全錯誤的訊息，也會讓你聽到重點。如果這之間真的啟動了什麼業力，也是抽牌者與解牌者雙方在靈魂層面上已經達成的共識與協議。任何一個解讀者傳遞給你的消息，無論在那個當下是真的還是假的、對的還是錯的，自然都有出現在你生命中的理由。因為即便是錯誤的訊息，也是你的生命必須體驗的一段經歷。你在每個當下能夠接受以及理解的訊息，大多是由自己的靈魂導師決定。

還有，我曾分享過，任何協助他人療癒的人，最好都能學會先清理自己的能場。在客戶與客戶之間，也**給自己充裕的時間重設能量**，才不會讓前一位客戶影響自己的下一位客戶。

反正我要說的是，一個人的能量混濁和會不會遇到魔，與牌卡一點關係也沒有。上述的兩種狀況都與每個人在某個階段必須經歷的狀態有關。人生難免有高低起伏，不是每個人都可以永遠維持正向。低落時，能量混濁本就是理所當然的事。如果真的遇到魔，也是剛好而已。只不過我真心覺得，如果意識到自己的狀態不是很好，就不要讓自己過度沉迷這些外來輔助。因為不管你得到什麼答案，它們應該都會受到你自身的能場影響，也可能讓你過度解讀它們真正的含義。再加上對自己的不信任感，導致對牌卡過度依賴，只會更加剝削你自身的力量。所以如果覺察到自己的能場低落，與其一味依賴這些外在輔助物，更應該做的其實是先隔離這些事物一段時間，回來調整好自己的狀態，才是根本的做法。

否則，在正常的狀況下，如果一個解讀牌卡的人能場不好，又或是他使用的牌卡或場地不乾淨，相信大部分的人都是有感覺的吧？與其堅持讀卡，試著學習聆聽自己的感官，選擇能量比較適合自己的人才是上策吧？

正念很重要，因為好的核心可以讓自己維持在中立狀態，學會清理自己的能量場也很重要，才不會讓這些無謂的擔憂消耗太多的能量。無論你得到什麼樣的資訊，靈魂導師一定都有最好的安排，也絕對是此刻最能幫助你人生的建議。如果真的不適合自己，就不需要強迫自己照單全收了。

問：

當內在小孩跑出來鬧，但在這個狀態下又找不到可以說服自己或內在小孩的理由時，還可以做些什麼呢？

答：

本書已經討論過如何面對內在小孩，在此不再贅述。重點是，要跟內在小孩講道理之前，請先安撫他的情緒。如果不理解這個道理，那容我提醒，在上述的提問，「說服」兩字就是你試圖跟他講大道理的證據。說服一個人需要透過邏輯，否則又有什麼事會需要你講到他信服於你？

安撫小孩的情緒就要用小孩子的方法。想想看，如果你要安撫家裡的狗，會用什麼方法？是試著說服牠嗎？

我分享過，每當我情緒起伏過大，連自己都搞不定的時候，鹹酥雞跟珍珠奶茶絕對是我的首選。但這並不是每個人的標準答案，我相信每個人都可以清楚地知道什麼方法最能安撫自己的情緒。往往等到內心的情緒比較穩定了，我才會以非常有耐心的態度跟內在小孩討論，剛剛究竟發生了什麼。

所以下一次當你的內在小孩子出來鬧，而你又搞不定的時候，與其試著跟他講大道理，換個角度思考他真正想要的是什麼吧！有什麼話都等到他的情緒被安撫之後再說。

能量療法、如何保持行動力、害怕浪費生命

對應頻道 344 集

問：「能量療法」可以解釋成：以無形的方式在物質界使用嗎？如果是，那麼我們被「能量療法」療癒後，除了給予金錢或物質，又要怎麼樣回饋於無形呢？

答：所謂能量療法不能解釋為用無形的方式在物質界使用，應該說是用無形的能力療癒同樣是無形的能量。因為能量療法往往是拿療癒者的能量幫你的能量得到平衡、補足空缺，又或者是直接消除掉那些不好的、會對你造成困擾的能量。基本上是藉由第三者的能量協助你的能量達到平衡療癒的效果。由於身體只不過是靈魂的工具，一旦能量得到療癒，身體自然會做出相同的反應。

至於要如何回饋？這完全決定於你和療癒師之間的協議。一般來說，你支付的金錢價格往往是療癒師衡量之後，覺得最符合自己所提供的服務的價位。所以擔心已透過金錢交換的療癒行為，無法在無形的世界裡得到平衡是沒有意義的。只要你跟療癒師在進行療癒前就達到共識，那麼療癒在完成給付後就是一場完整的交易，無論是在物質世界或是精神領域。就算當初療癒師不收錢，只跟你要了一顆蘋果做為交換，這場療癒在兩人同意的情況下也算是一場完整的交易。

但如果你真的還是不放心，想要做點什麼事情回饋「無形」，最好的方法就是以最真誠的祝福回饋給對方。就好像我們會給往生的家人，又或是摯愛的親人投以最真誠的祝福。由於靈魂是一種有意識的能量發電體，任何真誠的祝福都像電力一樣可以被完美地吸收。因為接受祝福跟被療癒的感覺十分相同。

記得，這不是你一個人說了算，你和療癒師之間必須達成共識，這場交易才算完整，而且沒有虧欠彼此。

問：有時候對目標感到熱血，也很有行動力；有時候卻莫名地感到無力，有一種動不起來的感覺。請問怎麼維持行動力？

答：

基於宇宙底下的萬物都是一種振動的原理，要維持永恆不變的狀態，基本上就不合邏輯。因為振動本身有高有低、有寬有窄，猶如我們的喜怒哀樂、人生的起承轉合、峰迴路轉……全都是宇宙底下符合振動原理的自然法則。就像人們沒有辦法一直工作，不給自己休息時間一樣。天天正向的人，也會突然負能量爆表，而時時刻刻研究靈性的人，也會突然對靈性產生厭惡感。

一個人如果真正了解自己的身體和精神狀態，就會清楚知道自己應該在什麼時候工作，又該在什麼時候休息，不是一直強迫自己維持在一成不變的狀態。一旦你的振動得到平衡，行動力自然有延續下去的可能。若是持續強迫自己有行動力，卻從來不願給自己任何緩衝或休息時間，那麼達到飽和狀態後崩潰就是遲早的事了。

正因為宇宙底下的萬物都是一種振動，所以在低潮的時候懂得休息，好好休息後再行動，在對的時間做對的事情，反而會幫助你更有效率地運用自己的能量，並且維持在最佳狀態。

但是說真的，與其在這裡討論如何保持行動力，更應該專注的是你所執行的這件事真的是你想做的嗎？我覺得一個人之所以可以維持行動力，毫不動搖，重點在於他做的是足以讓他熱血沸騰的事。當一個人做喜歡的事，會進入本我狀態，基本上就是忘了時間和空間的存在，會忘了吃飯、捨不得睡覺，又迫不及待地想要起床繼續完成那件事。所以與其討論行動力能量足不足、夠不夠，不如換個角度思考：現在督促自己要有行動力的這件事，真的是你想要做的嗎？

問：很多時候會感覺自己在浪費生命，不知道該怎麼做才不是浪費生命？

答：

基本上，我覺得所謂「浪費生命」就是人們選擇活在過去，又或是活在未來的生活態度。他們不是一直煩惱著過去已經發生又不能改變的事實，就是一直擔心未來根本還沒發生，也很可能完全不會發生的事。人們常因為過去不好的經驗產生恐懼，進而帶著這樣的恐懼預判未來的每一件事一定會產生相同的結果，導致他們常給自己一百個不要前進的理由或藉口，也無法好好享受當下，只能抓著過去擔心未來。如果要說什麼叫做浪費生命，這不就是最標準的範例嗎？

生活在邏輯創造出來的社會，人們常覺得自己一定要成就大事才不叫浪費生命，因為所謂浪不浪費決定於他人對我們的認同與評價。但這真的可以拿來做為不浪費生命的定義嗎？如果可以，為什麼有人花了大半輩子的時間創造無限的財富，到頭來卻覺得自己一無所有？又為什麼有許多人明明已經名利雙收，卻又陷入低谷而選擇輕生？

一個人若能好好地活在當下，想盡辦法活出靈魂最想要成為的自己，那麼無論此時此刻的你在做什麼，都不算浪費生命。本書提到，如果願意把時間精力投資在自己身上，開發個人價值，無論做什麼都不算浪費生命，因為這些投資在你死亡之後，你的靈魂全都帶得走。做你喜歡做的事、成為你想要成為的人，全都是不浪費生命的基礎。

還有很多人覺得把時間拿來做自己喜歡的事，是在浪費時間，又或是做自己喜歡卻得不到他人認同的事，也是浪費時間。但所謂浪不浪費，真的只能用金錢衡量嗎？有沒有另一種可能：當你做某些事情時，雖然沒有得到任何金錢的回報，但心靈上得到的富足感卻是金錢無法衡量的呢？在這樣的狀況下，也算是浪費生命嗎？

我覺得靈魂之所以投胎，就是要來體驗。既然要體驗，自然必須身體力行之後，才有辦法獲得真實的感受。所以，想要工作時就好好地工作，累了就好好地休息睡覺，把生命的每個當下都當作可以創造與改變的時刻，那麼從那一刻開始就不算浪費生命了，不是嗎？

死亡與輪迴、天使的種類、靈擺的原理

對應頻道 345 集

問：如果時間本來就不存在，是不是表示沒有最後一次的輪迴？此外，人死後會去什麼地方？那些曾經覺醒的人，或是功課差不多完成的人，是不是能夠真的回到空無之中，不再陷入六道輪迴？我們不斷輪迴的目的究竟是為了什麼？

答：

基於靈魂狀態下不存在時間，自然就沒有所謂最後一次輪迴。如果長期追蹤我的頻道或文章，應該知道輪迴是靈魂自己選擇的，所以每一次都可以是第一次，每一次也都可以是最後一次。靈魂之所以選擇輪迴，是為了協助自己進化，所以每開始一個新的課題，對祂來說都可以算是第一次，當課題圓滿結束，自然也算是祂的最後一次。你只需要知道，輪迴不是必然，大多是靈魂自己選擇的，所以任何一世都可以是最後一世。

現在的我們只能用狹隘的人類邏輯推斷靈魂所做的選擇，但靈魂是以宏觀的視角安排人生，而我們是以人類的感受質疑祂為什麼做出這樣的安排。由於人類並不喜歡體驗痛苦的感受，自然會覺得靈魂之所以選擇投胎，肯定是在百般無奈的情況下被強迫的。我們無法理解靈魂在投胎過程中到底想要透過痛苦學到什麼，更不知道祂究竟想要進化到什麼程度？我們只會想著：「怎麼會有靈魂自願投胎來體驗痛苦？」就好像如果把這輩子比喻成國小一年級，那麼靈魂就像拿到博士學位的教授。我想，小學一年級的學生應該無法理解已經拿到博士學位的教授為什麼還要進修，更不曉得自己為什麼要那麼痛苦地學寫字吧？XD

人往生之後，大多是直接進入白光，唯有內心放不下執著的人，會一直滯留在灰色地帶，又或者是你們所知道的鬼次元。通常要等到他們學會放下這輩子的執著與小我，才有辦法真正進入白光。即便靈魂進入白光，祂在這輩子所養成的邏輯意識也大多會留在這個次元，之後會隨著時間慢慢地被瓦解與沖淡。這個過程其實很像動畫《可可夜總會》裡描述的，如果有人還記得這個人，這樣的想念就會讓這個鬼（邏輯形成的意念）維持下去，一旦人們漸漸遺忘了這個存在，祂就會慢慢消失不見。但這種消失並不是靈魂本身被毀滅掉，只不過是祂在生前產生的邏輯意識會消散。但是一般來說，如果一個靈魂在往生前已經學會跟死亡和解，這個由邏輯形成的意識，自然也不會在人間停留太久的時間。

最後，靈魂之所以選擇不斷輪迴來進化自己，目的是為了形成「一」的存在。所謂的一，是一種獨立但也是一種群體的存在。當一個靈魂清楚地了解自己的本質，也知道自己在宇宙的定位時，祂的潛能就可以發展到最大化。那個時候的祂可以運用的不光是自己的能量，也是集體的能量。關於一的概念，未來會再詳述，現在只是讓大家有個大概的觀念。

問：

想要了解天使的種類，祂們真的是上天派來幫助人類的嗎？祂們是屬於沒有投胎的存在嗎？天使數字真的是天使給的暗示嗎？還有，是不是只要是人就一定會有某種限制，沒有辦法百分之百地知道宇宙的真相？

答：

我覺得只要是人就有某種限制，無法百分之百地知道宇宙的真相。不過我深刻體會到，人們如果一直無法跳脫邏輯形成的小我觀念，就肯定無法知道宇宙的真相。

最主要的原因在於人們常在探索一件事的時候，就已經預設了結果或過程應該是什麼，所以當得到的答案不若預期，就完全無法接受以及消化。我們會用個人觀感詮釋所看到與接收到的，這樣的行為模式反而會讓我們離宇宙真相越來越遠，你不覺得嗎？

我雖然看過很多天使的種類，但不能斬釘截鐵地說我知道所有天使的種類，所以沒有辦法回答你的問題。至於祂們是不是上天派來協助人類的，我到目前為止還沒有這樣子的感覺。至少在看到祂們的時候，沒有感覺祂們是任何人派來執行任何任務。大致來說，祂們比較像是自願協助，目的是協助你度過某一段較艱苦的日子。通常一個人身旁有天使的時候，天使會給予他們較輕快的能量。也因此，我很少看到天使長期跟著某個特定的對象，往往都只是一陣短暫的時間。祂們的存在可以讓人們對生命的進展有點方向，感覺有人照顧著自己，又或者是冥冥之中多了一點力量。

問：

如果控制靈擺旋轉的主要能量來自於靈擺下方那隻手，那為什麼將靈擺掛起來之後，只用單手在下方控制卻無法讓它旋轉？

答：

這原理建立在「生命」才有辦法創造振動。兩個生命各自佔有上下旋的時候，上下旋之間的空間就會依照兩個生命體的能量而激盪出獨有的振動。靈擺的顯相就是反映這個空間裡被激盪出來的振動。如果上下的空間沒有被製造出任何振動，那麼靈擺自然不會擺動。

當然，這並不是絕對。即便沒有上方的生命體與你本身的振動應和，如果一個人可以清楚地知道如何操控自己的能量，也可以透過自身的能場驅使靈擺照著自己想要的方式擺動。只是，大部分的人使用靈擺都是為了測試自己的能量，不是為了學習如何掌控能量。

如果對掌控能量有興趣，剛開始練習的時候，可以先吊掛有生命體的靈擺做練習。例如新鮮的落葉、花朵，或是蒲公英的種子等等，又或者試著把靈擺掛在樹上。只要記得，靈擺是依照兩個能量體或生命體互動所製造出來的振動。

顯化實相的作弊方法、塔羅牌在靈性上的應用、對稱圖形在靈性上的意義

對應頻道 347 集

問：

版主說過，用意念創造實相是要想像擁有那樣的感覺，不能用在針對某人身上。可是有些事情就是因為某些人才會使你有那樣的感覺，所以想知道有沒有作弊的方法？

答：

雖然我也很想知道作弊的方法，但上述問題的答案卻絕對是否定的。

之所以這麼說，是因為許多人覺得自己必須跟特定的人在一起才能產生愛的感覺，一旦不是那個人，就永遠無法體會真正的愛情。但這樣的愛情是主觀又狹隘的，它真正要滿足的其實不是愛情，而是小我與邏輯創造出來的佔有慾。

試想，如果今天你的實相是建立在另一個人事物上，那麼這個人事物一旦不存在，是否也代表你的世界就不完整？這是否也說明，整件事裡的主權其實是掌握在那個人事物之上，永遠不是在你自己的手中？從你的靈魂導師的立場來看，你覺得祂會為你安排一場由他人全權掌控，你卻自始至終無能為力的人生嗎？除此之外，你覺得對方的靈魂導師也會為他安排這種以生命共同體方式生存的人生嗎？

這也是我不斷地強調的：在你想要顯化的實相裡，請盡可能地排除其他人事物的存在，這可以幫助你更清楚地理解自己想要的是什麼。如果你想要感受的是愛情，就不應該只有A或B才可以給你愛情，而是要讓自己可以無時無刻地感受到愛。當自己可以真實地體驗到愛，愛情自然會隨著你自身傳遞出來的振動，被吸引到你的生命之中。到時候，無論對象是誰，他都有辦法讓你真實體驗愛情。

沒有人有任何權利可以操控他人的人生。當你一味地要求他人以你想要的方式與你相處時，你正在試圖操控他們的人生。因為你不介意這是不是他們想要的，也不會思考這是否符合他們的人生藍圖，只會著重在這是你要的結果。這種思維模式在靈魂底下是完全不合理的。沒錯，有些事情的確需要某些人才可以使你有那樣的感覺，但這往往是你們彼此在靈魂狀態下已達成的協議，為的是讓彼此進化，而不是為了讓你一個人開心。如果兩個人注定要在一起，當然很好，但如果注定要分開，也絕對是最好的結果。

最後只能很抱歉地告訴你：真的沒有任何作弊的方法。任何你以作弊的方式達到的成功往往只是一種假象，沒辦法得到真正的快樂。而那個假象也會以極快的速度崩壞，更不用提它可能製造出的因果效應喔！

問：想知道塔羅牌在靈學上的應用。

答：

之前的文章提到，任何可以協助你更了解自己命運的方式與存在，都可以被歸類為人生的提示卡。有時透過其他物品，或者是第三人的觀點，可以為我們茫然的未來提供另一個思考方向，也可以協助我們印證自己原本不太確定的感官。

我覺得塔羅牌其實是一種外在輔助工具，有時可以幫助人們釐清自己或是未來的方向。許多人會自己解讀塔羅牌，也有人會透過塔羅師幫自己解牌。但是之前的文章提過，人們的能場與狀態絕對會影響他如何解讀接收到的訊息。如果狀態很好，隨便一抽都會是你想要的答案。如果狀態不好，就算抽一百張，你也看不到答案在哪裡。

好的塔羅師會先清理自己的情緒與能場，以中立的立場看待自己接收到的訊息。但無論塔羅師再怎麼努力地保持中立，如果他要解讀的是你的命運，牌卡自然也會受到你的能量影響。同樣的道理也適用在你自己做塔羅解讀。

任何主觀意識強烈的解讀者，他的意念往往會反射在解析牌卡上。當一個人玩塔羅時，私心、主觀意識與情緒往往是決定他如何看待牌卡訊息的主要因素。

其實任何輔助用品都可以應用在靈性之上，但最好的方式是把這些訊息當作參考，而不是過度依賴。如果意識到自己的情緒不穩定、狀況也不太好，最好的方法不是一味地尋求塔羅牌給你答案，而是讓自己暫時隔離這些輔助品，先好好地調整自己的狀態才是首要之務。

問：很多宗教都有類似曼陀羅、Henna、唐卡等圓圈對稱的圖形。前陣子很流行療癒彩繪，這種複雜形式的圓圈，在靈性上有何意義？

答：

在我的觀念裡，這些圖形比較像是有意識的能量展現，很像人們所知的 Orb，只不過一個是無形的，另一個是有形的展現。Orb 本身就是一個由意識創造出來的能量體。每一個有意識創造出來的能量球，自然有不一樣的表現。這些能量體往往是左右平衡與對應的，它會依照能量收集或是傳送的面向，決定這個能量體會有什麼圖案，又或者是以多少面的方式呈現。

然而，這些圖形不是現在才被創造出來，而是一直存在於宇宙之中。如果你們想要尋找證據，最好的方式就是觀察顯微鏡底下的雪花，就會發現它跟你所知道的對稱圖案很相似。除此之外，還有很多東西也包含類似的能量，好比水分子也曾被發現有類似的對應圖案。日本教授江本勝曾經研究出，當你對水投注不一樣的能量，水分子在顯微鏡底下呈現出來的影像也會完全不同。實驗結果也同時發現，通常這些對應或者看起來平衡的能量圖案，往往反映的是正向的，又或是如同光與愛之類的能量。

所以當這些圖形以曼陀羅、Henna 又或者是唐卡的方式呈現時，目的應該是為了帶給觀看者正向或者是愛與光的能量吧！

預知能力與能量的區分、雙胞胎與魔神仔、相信與期待

對應頻道 348 集

問：如何分辨是預知到將要發生的未來，還是自己使用了能量，導致事情發生呢？要怎麼控制能量讓自己的夢想成真？

答：

基於靈魂具有獨立個體性，我向來相信，不管任何事都必須親身體驗之後，才能夠知道真實的感受究竟是什麼，而不是透過我單方面的註解，就可以詮釋所有人的感受。就好像我每到一個新的城市／國家旅遊時，那個城市／國家的振動都會轉換成一種獨特的味道，所以我會習慣性地用「口味」形容那個城市／國家給我的感覺，但並不是所有人都能理解一座城市是如何轉換成一種味道。同樣的道理，「預

知未來」跟「使用能量顯化實相」對我來說，就像是蘋果跟柳丁的差別。大部分的人可能覺得它們都是水果，但對我來說卻是兩種截然不同的感受。

想要分辨能量，重點在於**必須了解自己的能量**是什麼，當然也包括能夠清楚地感受內在體驗的種種情緒、狀態與感受。內在只要積壓越多的情緒，包括恐懼、焦慮、擔憂，就會像一碗湯裡加了過多的調味料，反而讓你越來越無法辨識自己究竟在煮什麼。

雖然人們的過去無法改變，但未來永遠都是浮動的。也就是說，你所能預測的未來往往決定於當下的狀態。在未來無限個可能的選項裡，你的內在狀態會決定你看到的是什麼樣的未來。也就是說，容易擔憂的人可能會看到讓他們擔憂的未來，比較正向的人可能就會接收到比較樂觀的未來。除了內在的情緒會影響濾鏡，自身的能場也會顯化出相同振動的未來，這也是為什麼人們常常搞不清楚「預知」與「顯化」的差別。

如果想要學習了解自己的能量，最基礎的功課便是對自己的言行舉止、情感、感受、想法等產生覺知。也就是說，每當你做任何事前，都先給自己三秒鐘的時間思考：「這是我嗎？又是否可以代表未來我想要成為的人？」一旦對自己有全面的覺知，也就會越來越了解自己是什麼樣的人，能量自然也會因而變得更加堅定。

一個了解自己的人，透過習慣性地反思自己，並且不斷地想辦法讓自己進化，往往就可以清楚知道自己有什麼樣的能力。與其說他們想要知道未來發生什麼事，他們更堅信自己的能力可以創造任何的未來。這也使得他們可以輕易區分任何內在與外在的影響。

再換個角度來解釋：「預知未來」是被動的，往往是人們對未來產生好奇，自然容易受到內在的情緒影響。而「顯化實相」是主動的，它比較像是一個人清楚地知道自己的能力，並不計一切代價地督促自己朝著明確的目標前進。如果說一個是受到振動影響後的結果，那麼另一個就是用自身的能量影響振動。

問：我想知道雙胞胎的功課是什麼？還有台灣所說的魔神仔是一種精靈嗎？

答：我覺得雙胞胎的功課與其他人並沒有太大的差異。唯一感覺到比較不一樣的點，就是雙胞胎往往存在著某種層面的兩個極端，又或者是極其相似的特質。所以很像是兩個靈魂約定好要一起面對，又或是克服某一件功課設定。而這件功課是需要兩個人彼此借鏡，又或者是共修，以達到兩者都可以進化的平衡安排。

至於台灣所說的魔神仔，應該不算是一種精靈。如果各位可以理解凡事都有一體兩面，有白天就有黑夜、有正能量就有負能量的話，應該不難理解，沒有任何事是可以單獨存在的。正反兩面往往是彼此依賴與共存。也就是說，如果天地正氣可以凝聚成山神，陰陽之氣自然可以形成魔神仔。魔神仔在這裡不是惡魔，比較像是陰暗面凝聚而成的存在。

問：如何讓相信一件事會發生的信念，最終不會變成期待？

答：

當一個人相信一件事會發生，他對未來的結局並沒有任何的定義與定位，更不會給自己設限，只會將所有重心放在此時此刻的自己可以為了成就目標而做的努力。因為他會清楚知道，自己沒有辦法掌控任何未來，只能在當下盡己所能地協助自己達到目標。如果那個未來真的屬於自己，它絕對會在最好的時間發生，也絕對是最好的結果，無論那個結果是否在自己的假設當中。

然而這種信念是絕對不容質疑的。當一個人不太相信一件事會發生時，就會想盡辦法地期望每一步都照著自己想要的方法走。由於太害怕出錯，導致得不到那個結果，所以每一步都走得戰戰兢兢。他不信任上天會給他最好的安排，只希望一切都能照著自己的安排發生。所以一旦事情沒有照著自己想要的方式發生，就會產生極大的失落感，又或是感到憤怒與沮喪。

所以問這個問題前，應該先問自己：「你對上天以及自己的能力有足夠的信任嗎？」如果你遲疑了，那與其說服自己相信，不如認清自己的期待才更有機會調整。

如果這個練習還不夠，可以再換個方式問問自己：「如果今天的結局不是以我預期的方式發生，我會有什麼感覺？」其實說真的，每個人都只能在當下盡力而為，沒有人可以預判什麼樣的未來對自己來說是最好的。我們再怎麼厲害，也沒有靈魂導師會盤算！我們腦子的邏輯永遠受限於這一輩子的認知，而祂們可是跟了我們好幾輩子。所以只要在此時此刻做好每一件事，即便結果不是你預期的，也相信祂們一定會把最好的呈現到你面前。只要帶著這樣的心態過日子，自然不會再有任何期待，因為你會清楚地知道，無論發生什麼事，一切絕對都是最好的安排。

恐怖主義的存在意義、如何有效轉念、擇友的標準

對應頻道 349 集

問： 如果像版主說的，每個人的存在都有其意義，那麼像ＩＳＩＳ極端恐怖主義集團具有什麼意義呢？

答： 憤怒、貪婪，控制、慾望……任何負面存在的意義，都是為了扮演平衡光明的黑暗對立角色。因為宇宙的平衡來自於凡事都有一體兩面，世界上如果只存在好的那一面，不但會失去應有的平衡，這個所謂的好也會漸漸失去存在意義。就像一個人的善良付出，日積月累就會被人當作理所當然，這是一樣的意思。

不過我不能代替宇宙說話，只能就個人觀感分享。

我的確說過，每個人的存在都有其意義，無論在你的觀念裡他們是好人還是壞人。在我們真正能夠集體進入有覺知的狀態前，這種彼此制衡的狀況絕對會持續發生。即便進入覺知的世代，也不表示這樣的事永遠不會再發生。只不過那個時候的人們會以宏觀的態度理解，或是以更有效的方法抑制負面的擴大。

我相信世界各地都有很雷同的恐怖主義組織。我曾說過：無論我們認不認同這些組織的做法，生命中都會持續發生很多諸如此類的事情。通常當這樣的事情發生時，會以一種較為廣泛的方式激發人性的覺醒。因為人們很少在愉悅的狀態下成長，往往是透過痛苦的體驗才能激發進化。就好比人們花父母的錢時都不痛不癢，毫無節制，可一旦花的是自己賺的辛苦錢就細細盤算又斤斤計較。辛苦得來的領悟永遠比別人雙手奉上的還要來得深刻，不是嗎？而這些痛苦不一定要發生在我們自己身上，有些時候光是看它們發生在別人身上，同理心也會不自覺地讓我們感同身受，同時反省人生中真正重要的究竟是什麼，進而珍惜擁有的一切。

當我們的人性都被激發了，自然也能學會尊重並理解彼此的不同。我雖然不相信世界上所有東西都一定要有正反兩極，卻可以理解宇宙底下有許多人事物都需要透過兩個極端來制衡。當然，隨著我們的進化，這種極端的拉扯會越來越靠近，越來越趨向平衡。

當大部分的人對人性開始產生覺知與覺醒，就會發現這樣的事件發生的頻率越來越少。所以當我們意識到世界上還有這樣子的事發生時，與其一直質問為什麼，是否可以利用這個機會審視一下自己的人生，好好思考對我們來說什麼才是最重要的？又或者如何改變這種無能為力的現狀？如果每個人都可以這麼思考，我相信人們很快就會發現世界上雖然有這些不美好存在，但它後續製造的正向反應是相對更高的。

我想要說的是，無論你今天選擇的是什麼角色，基於我對宇宙的信任，我相信如果現今社會還是有這些組織或是角色，就一定有他們存在的道理。質疑為什麼？以及什麼才是對的、錯的、好的、壞的……我覺得我們都沒有那個權利可以當靈魂的判官。無論我們置身在什麼樣的環境，又或是看到什麼令人揪心的新聞，我覺得都可以把它當作讓自己進化的跳板，換個角度思考：如果不希望這樣的事情發生，有什麼事是我可以從自身開始做起的呢？

問：在不如意或失落時，如何有效地轉念或是轉換心情？

答：

我覺得人在不如意或失落時，心情之所以無法轉換，是因為大部分的時間人們都在反抗這樣的情緒 。腦子裡不斷告訴自己怎麼做才是對的，以及想盡辦法排除負面情緒。內在越是反抗，越容易沉浸在那樣的情緒裡走不出來。

其實真的想要很快地從任何情緒裡跳脫出來，最好的方式就是完完全全體驗那個情緒應該要有的感受，而不是一直帶著羞恥心，又或是罪惡感的心態去抵抗負面情緒。

允許自己的情緒，真真實實地體驗它們帶給你的感受，才是真正可以幫助你轉念或轉變心情的最好方法。此外，我們在本書的文章也提到，你還可以為自己的負面情緒設立有效期限。學會跟自己的內在小孩對話，與他協調一個彼此可以達成共識的有效期限。把這個日期標記在每天看得到的月曆上 。在有效期限裡，可以想盡方法表達不如意，又或是失落的時候，該用什麼方式表達或宣洩，才能夠真實展現你的情緒與感受。與自己的內在小孩子對話時，也可以使用較溫柔的口吻，而不是總以指責的態度質問他：「你又怎麼了？！」沒有任何人會在指責的環境中感覺好受。

除了上述的情況，我還發現一點，就是人們很常鑽牛角尖。他們會不斷鑽研自己到底怎麼了，又或是別人為什麼會用那種態度對他們……說真的，如果有什麼事讓你想不出答案，何不乾脆不要想了。很多時候，好好睡一覺反而可以讓腦子變得更清晰，或許原本是問題的問題，睡一覺之後就再也不是問題。

如果我又鑽牛角尖了，我通常會強迫自己做一些不需要用大腦的事情。可能是畫畫，又或是做菜，也可能是種花……我不要求自己做的事情一定要有任何建設性，但是一定不需要我用到大腦，這是為了給大腦製造一點休息時間。很多時候，我發現許多靈感往往是在願意讓大腦休息的時候，它自然就會浮現出來。這其實跟很多人找半天找不到東西，出去散散步之後，回來就立刻找到是一樣的。每當心情混亂或想不開的時候，或許暫時離開也是一個很好的方法。

總之，如果想要協助自己脫離某種特定的情緒，最好也最有效的方法就是學會讓自己真實地表達以及體會那種情緒。而不是一直試圖說服自己轉念，又或是強迫自己走出來喔！

問：請問什麼樣的人可以當朋友？要交往到什麼程度？距離怎麼拿捏？

答：

基於靈魂的獨立個體性，我的標準並不一定適合你，猶如你覺得值得深交的好友也不一定會是我喜歡的。自己願意勇敢嘗試，才是幫助你回答所有問題的最好方法。要是你從來沒嘗試過，因為擔心受傷、被騙，而一味地待在家裡，思考別人到底適不適合自己，不管有多少人給你意見，我想你永遠都找不到你要的答案。

人生中有許多的安排，但在你沒有實際嘗試之前，永遠不會知道什麼是對的、錯的、好的、壞的……無論是擇友、擇偶，或是選擇你未來要做的工作，又或者是事業、學習科目等等。

無論這個物件是什麼，好與不好都不該由我這個外人來決定。既然是你的世界，凡事就必須由你體驗以及領悟。遇到不適合的人又怎麼樣？跌倒了又怎麼樣？每一次失敗都會慢慢累積未來成功的機率。人不會傻到一點感覺都沒有，好與不好、對與不對，我相信你的心一定都會明確地告訴你。你覺得對的人，自然可以當朋友！與其不斷地衡量自己面對什麼樣的人應該有什麼樣的表現、要交往到什麼程度、拿捏什麼樣的距離……我覺得如果每一段關係都可以以最真實的自己呈現，即便對方到最後不是最適合你的朋友，宇宙也會慢慢把能夠與你交心的人送到你的面前。

我想要說的是：永遠不要讓一個外人來告訴你日子應該怎麼過，學習將一切的力量掌握在自己手中。如果你對未來是無知的，就勇敢地放手嘗試，無論失敗與否，你一定都會慢慢找到最適合自己的答案。

靈性回饋、鏡子療法、如何與其他形式的生命能量互動、情緒之於靈魂

對應頻道 350 集

問：像版主這樣回答我們的問題，我們需要做什麼回饋嗎？

答：我相信每個人對於自己提供的服務都有清楚的價位，當你使用任何服務時，只要對方同意你的給付，就已經是最好的回饋。

由於每個人對自己的服務所期望的回饋各有不同，所以我沒有辦法代替所有人回答，只能就個人立場回答上述問題。

我的個人諮詢也有個別的價位。但如果你指的是我公開分享的直播，我當初選擇回答所有問題，是希望有一天這些問題可以協助我的子女度過他們人生困惑與不

順遂的階段。如果這些問題的答案也間接幫助到各位，那麼藉此讓自己開心一點、活出快樂的生活，又或者盡己所能創造你覺得更好、令人期待與興奮的世界，那麼對我來說就已經是最好的回饋了。因為在你們試圖讓自己的人生變得更好的同時，你們也為我的子女創造出一個更好的世界。

問： 練習鏡子療法時，可以一次使用很多不同的句子嗎？

答： 我覺得，鏡子療法雖然可以同時使用很多不一樣的句子，可是就我的經驗來看，每次只使用一個句子，最容易看到成效。這個句子最好是對現在的你來說既重要又比較有感應的。等到自己對這個句子稍有體悟之後再換成下一句。

如果你還是堅持用很多句子來練習，我覺得最好還是相同類型的句子，而且不要超過三句。舉例來說，「我可以的」、「我是有能力的」、「我一定做得到」就是類似的句子。「我很漂亮」、「我很富有」、「我是被愛的」就是不同類型的句子。通常這樣的句子只會讓你越來越不知道自己要什麼，非但沒有事半功倍，可能還無法達到療癒的效果。

如果你不清楚自己適合哪個句子，建議各位把每個句子寫下來，站在鏡子前試著對自己唸唸看，觀察一下哪個句子會讓你的胸口好像整個揪起來，又或是後腦有微麻的感覺，那麼那個句子很可能就是最適合此刻的你的句子。如果會讓你一秒爆哭的，鐵定是正確的句子。要不然，回想生命中最難過的時刻，想想看哪一個句子最適合用來安慰那個時刻的自己，也是一個很好的開始喔！

問：如何與植物、動物及其他形式的生命能量互動呢？

答：

在與任何能量互動交流之前，你至少要對自己的能量有基本的覺察。也就是對於自己的言行舉止、情緒、想法、觀念等等……任何會造就能量波動，以及可影響範圍有個大概的了解。至少要知道自己是什麼，以及努力地讓自己達到心口合一、裡外一致的表達方式。

一個人如果開始對自己的各個層面產生覺知，他自然能夠區分自己與他人能量的不同，不會總是把所有能量混為一談。對我來說，在真正能夠與其他形式的生命能量互動前，需要一連串的自我練習。要不然，在連自己的能場都搞不清楚的狀態下，任何以為來自其他形式的生命能量的溝通，很可能大多是自己想像出來的。

所以第一步驟是學會了解自己的能量，再練習收放與運用。之所以要先對自己的能量有全面性了解，是因為未來在接收任何能量時，可以很快地將自己的部分先區分出來。也由於習慣與觀察自己，因此更容易感受到每個生命能量都有其一貫性。這種感知在未來互動交流時，可以幫助你精準地捕捉到與你溝通的對象是誰。

我知道什麼東西都用感覺來形容，真的讓人似懂非懂，但是由於感官本就是每個人都不一樣，需要透過不斷的摸索與練習，才會自動建立出一套屬於自己的辨識系統。這就好比你習慣了自己房間的味道，一旦有人偷偷闖進房間裡，你習慣的味道被破壞了，當你再進到房裡，雖然沒有看到闖入的人，但是你的感覺會在第一時間告訴你有外人來過。如果這個例子還不能幫助你了解，那麼各位是否曾經有過被人從背後盯著的感覺？這同樣是一種熟悉自己的能場，於是對任何外來能場會有敏銳的感應的案例。希望這些例子可以幫助各位理解，為什麼一個人一旦熟悉自己的能場，便能輕易辨識他人的不同。

一個人一旦對自己的能場有完全的認知，就比較能學著與其他形式的振動交流。一開始可能無法分辨誰是誰，但隨著你對於各種生物獨有的振動產生熟悉感，自然能夠辨識它們。就好像有人一開始無法分辨狗跟貓的差別，可是一旦長期與這兩種動物生活，便可以輕易地區分兩者，又或是可以透過主人的舉動，知道他養的是狗還是貓。

但不一定要執著在與其他形式的生命能量互動。在宇宙底下萬物都是振動的情況下，所有互動都是透過相同的形式與方法。除了植物、動物、有形或是無形的存在之外，人與人之間的互動是隨時隨地都可以練習的感應。有時候不用對方開口，就可以感受到對方正感受的情緒，這就是一個很好的練習。如果對於人與人之間的溝通都可以輕易上手，那麼與其他形式的生物能量溝通，也不會是問題。

問：為什麼情緒對靈魂來說是一股很強烈的能量？

答：因為靈魂在大我的狀態下感受不到情緒，所以他們才可以用如此理智、宏觀，又不帶有任何情緒的角度，創造出讓我們感到生不如死的輪迴XD。

一旦投胎，透過身體的感受間接啟動了我們的情緒，我們也因而產生可以協助自己處理功課的衡量標準。靈魂就是藉由身心靈三合一的感受找到平衡，進而幫助祂成長與進化。靈魂基本上涵蓋了所有大我的資料、藍圖與目的等資訊。身體會製造出邏輯、感受與感官等等……任何可以讓你產生感覺的存在。心則是統管你所有因為感受後激發出來的種種情緒。只不過心不單單只會接收身體傳遞而來的感受，同時也可以感應到靈魂傳遞出來的訊息。由於情緒是由心所引發的感受，而心又與靈魂有所連結，所以它對靈魂來說是很強烈的能量。

當情緒產生時引發的振動，不只有發生在自己身上的時候才會被感受到，同樣情緒發生在別人身上時，我們也常是有所感應的。因此我們在進入一個空間時，就可以很快地衡量那個空間裡的氣氛。又或是當你的好朋友有心事的時候，即便他不開口，你也可以感受到。情緒的振動由於容易讓人產生共頻，所以它的感染力也是相對快速的。

情緒可以很快地反射出我們的喜好與厭惡，所以它是用來讓靈魂維持在正軌上最好的度量衡。因為你的腦子跟嘴巴會說謊，但是你的心卻不會騙你。

神明與天庭、處理鬧鬼、附身與詛咒、靈性提升之後

對應頻道 332 集

問：

神明真的是透過大家的意念就可以產生嗎？就像是版主所形容的地基主一樣？孫悟空是真實存在的角色嗎？觀音菩薩是來自哪個空間的高靈呢？天庭真的是玉皇大帝掌管的嗎？天庭又是哪裡的天庭呢？

答：

地基主並不算是神明，而是人們習慣供奉的能量。祂雖然是人們普遍感受得到的能量，卻不一定是以人像呈現，往往會依照人們對於這種能量的詮釋而反映出人們所熟悉的影像。所以對大部分的亞洲人來說，祂雖然是以人像呈現，但是對於大部分的外國人來說，祂只代表家裡的能場。

神明跟地基主不同的是，神明往往都有特定的形象、身分與背景，例如媽祖或是釋迦牟尼佛等等。人們腦中會很自然地反映出祂們的樣貌。

通常當一個人在世時，他的種種行為超過人們所預期，或受到眾人的敬重，那在這個過程中，他就很可能被神格化。在人們心目中，他的行為不是一般人做得到的，所以即便是他在世時，人們也會覺得他必然是神仙轉世，表現才會如此出眾。因此這個人死亡後，他的故事就很可能被廣為流傳，得到更多人的愛重與尊敬，而眾人投注的能量則會依照他們生前的模樣凝聚出完全神格化的能量。

這也是神明與家裡所凝聚出的地基主能量不同的主要原因。尊敬、崇拜，以及覺得他們無所不能的信念，由於都是宇宙中純淨且較高的能量。藉由這些信念所凝聚出來的能量，不但具有他們生前的樣貌，更具有龐大的力量，而人們所熟悉的神明也因此產生。

孫悟空這個角色源於十六世紀吳承恩所創作的《西遊記》。雖然是虛構人物，但在人們長期相信，又或者是想要相信的能量累積之下，祂自然會像上述所說的，形成一個具有實體與能量的存在。

但祂的形成不只是源自於《西遊記》。在吳承恩創造孫悟空以前，印度神教裡早在好幾千年前就有猴子神的傳說。印度教的猴子神叫 Hanuman，是個猴頭人身的神，也是印度神 Rama 的忠臣。

當初由於 Rama 無法飛行到斯里蘭卡救回被搶走的未婚妻 Sita，所以藉助 Hanuman 可以讓物體飛行的能力，協助祂跨海去把 Sita 救回來。聽說當初 Hanuman 切下了一座山頭，然後站在那塊山頭上跨海飛到斯里蘭卡，那模樣其實就跟《西遊記》孫悟空乘坐筋斗雲的樣子極為相似。

據說當初祂透過神力製造所殘留下的飛石，至今還漂浮在南印度的海上（Rameshwaram's floating rocks）。所以或許早在吳承恩創造《西遊記》以前，孫悟空這個角色就已經存在人民的信念之中了。

至於觀世音菩薩來自於哪個空間，我覺得這必須要從「宇宙底下的萬物都是振動」開始理解。當所有的東西都是振動的時候，它們自然可以相互重疊，並存在於同一個空間裡。

這就好比天空其實一直存在著紅、橙、黃、綠、藍、靛、紫七種顏色，但由於藍色被大氣層過濾後分散較廣，又可以用較小較快的方式傳送，所以讓人們覺得天空理應是藍色的。因此各位如果可以把各種存在都想像成不一樣的顏色的話，自然就能理解這些存在如何同時存在一個空間。

我個人不認為天庭是由玉皇大帝掌管。天庭在人們的認知裡等同於天堂，也就是掌管所有天上事物的地方。全世界無論哪一個宗教信仰裡都有天堂，也都有專人管理，只是各有其名稱罷了。

有人覺得天堂理應在天上，也有人覺得天堂是在白光之後，當然也有人覺得天堂在人們的心中。無論天堂的實體位置在哪，我覺得任何一個可以讓人們的靈魂感到進化與平靜的地方，都可以稱為天堂。至於天庭是不是由玉皇大帝掌管，顯然就取決於你的信仰宗教是什麼了。在我個人的認知，所有的靈魂並沒有等級高低，而是平等的存在。這也是為什麼「掌管」在靈魂的狀態下並不成立，應該是共行、互助的狀態。

問：版主有處理過鬧鬼的房子、被附身、被詛咒的案件嗎？有的話，是如何解決呢？

答：

我覺得利用「宇宙底下的所有存在都是振動」來解釋是最簡單的方法。如果把每樣東西都思考成獨立的振動頻率與範圍的話，那麼「被影響」的前提就是：其中一個能量場所的影響力遠大於另一個能量場所能掌控的範圍。

用這個角度來思考，鬧鬼的房子、被附身或是詛咒等等，都是因為它們的振動能場遠超過人自身可以承受與控制的範圍，所以人們才會被影響。舉個例子，如果衝向你的海浪只能拍打在腳上，那麼你自然無感，甚至會覺得浪花打在腳上是件很舒服的事。但一旦海浪的衝擊力猶如海嘯，遠超過你可以承受的範圍，那麼你很可能在海浪觸及你之前，就感到深深的恐懼。

如果覺得驅魔的原理很難理解，可以想像人們要用什麼方法來避免海嘯的衝擊？若不是用同等能量的反作用力去抵消海浪的衝擊力，就是建造強悍穩固的堤防來抵擋海嘯的衝擊力，或製造出比海嘯更強大的力量去撫平或壓制它。所謂驅魔、鬧鬼、被附身、解除詛咒，也都基於相同的原理。無論透過咒語、法術還是單純的意念，只要本身的能場遠大過它們，自然可以產生制服的作用。這正是能場強大且穩定的人不容易受到這些事情影響的原因。

所以要處理上述事件，先決條件是要擁有比它們更強大的能場，而這可以透過日常生活來加強。了解自己是誰，知道自己在做什麼，清楚未來的方向……全都是可以加強能場的練習。當一個人熟悉自己的能場時，對外來的攻擊或讓自身感到不適的能場就會格外敏銳。這時候再透過自身的能量，有意識地反彈、抑制、吸收或隔離這些令人不適或對你造成影響的能場。

能量的作用力取決於使用者的意念引導，所以要用什麼方法來解決上述問題，也取決於每個人的使用習慣。由於能量可以轉換，我個人偏好透過「吸收」來處理上述問題。我會將這些能量壓縮至我熟悉的次元裡，然後再將其轉換成未來可以使用的能量。如果這個能量是附著在某個靈魂與物件上，我會將能量與該靈魂或物件分割，再對分割出來的能量進行轉化。但如上所述，每個人處理的方式不同，以上只是我的個人習慣分享。

問：如果做完人生功課就是靈性提升，那提升了之後呢？會有做不完的功課嗎？做完所有功課的靈魂，最終目的是什麼？

答：

靈魂的進化與升學拿文憑完全不同，進化是一種本能，而不是一件你「必須」要去做的事情。每個靈魂的進化都是自己安排的，你可以選擇進化，或選擇無所作為，沒有人會給你壓力。但我要再次強調，進化是本能，不是義務。

所謂「本能」就是肚子餓了自然想吃東西，不餓就不會想吃。就像自然萬物一樣，只要有陽光和水，就會自行成長。如果用人類的邏輯來看待靈性進化，就無法理解它最終的目的。

說穿了，只是因為靈魂不快樂，所以才想要進化。一旦靈魂夠快樂了，自然就沒有進化的必要。然而一旦過於安於某種現況而無法感受到當初的快樂時，自然又會想要再改進與突破。人生功課的安排只是為了協助靈魂突破，並不是來折磨靈魂受苦受難的。因為一直不願面對與克服，所以才會覺得人生功課很難。一旦鼓起勇氣面對並從中進化之後，所有的功課對你來說根本就不是問題。

那時候的你可以著手去創造任何想要的實相，不會讓自己一直活在恐懼、害怕、不安、焦躁與惶恐之中，而是將精力投資在創造你想要的世界。功課並非永久性的，往往是因為你一直逃避，才會有做不完的感覺。

進化是靈魂的本能，遇到新的事物時自然會產生好奇心。正因為靈魂不熟悉新事物，因此遇到挫折與失敗是必經過程。在靈魂的狀態下，多一項技能就多一項創造的能力，這能力可以運用於任何輪迴形態，這也是靈魂不斷挑戰自己的原因。

當靈魂不斷進化並找到自己的位置時，祂會進入「一的境界」。在這境界裡，每個靈魂既是獨立的個體，也是相連相通的群體，既可以是獨立的小宇宙，也可以是全體的大宇宙。靈魂既能運用個人的能量，也能運用全宇宙的能量。

在這個階段，靈魂會清楚知道自己的定位、該做什麼、是誰、在哪裡，以及未來有哪些選項，而不會像現在這樣，把精力浪費在自尋煩惱與痛苦上。

我們逐一處理人生功課的過程中，會發現人生種種問題只是一種「選擇」。了解自己定位的人，會知道每個選擇都決定未來的結果，並透過這個認知，創造自己想要的未來。這時的靈魂就像進入糖果屋的小孩一樣充滿驚喜。他們會期待人生功課帶來的提升，而不是執著於何時做完所有功課。所以人生功課是一種選擇，進化是本能，如何選擇過完這一生，完全取決於你的決定。

松果體的開發、恐鳥症、我的感悟

對應頻道 346 集

問：常在網路上看到，開發松果體、第三眼能夠幫助靈性的提升，是真的嗎？那藉由靜坐冥想、接收宇宙訊息，或聽冥想音樂是否有幫助？

答：

老實說，我無法明確回答這個問題，只能單純分享個人意見。雖然我的身旁有許多朋友信誓旦旦地宣稱，靜坐冥想、接收宇宙訊息，或聆聽冥想音樂，能夠大幅度提升靈性或開發松果體，但我嘗試幾次後並沒有太大的感覺。我不知道是否跟我一出生就是靈媒有關，又或者是我缺乏靈性天賦。

也正因為自己沒有明顯的感受，只能透過觀察他人分享我的看法。我發現，人們常忘記，如果靜坐冥想時，內心還存有恐懼、焦慮、沮喪、期待等情緒，他們冥想時看到的任何影像與訊息，都會受到這些濾鏡影響而決定接收到的內容。恐懼的人會看到讓他害怕的事；容易擔心的人會看到讓他煩惱的情景。換句話說，冥想中接收到的訊息，大多反映了內在當下的狀態所使用的濾鏡。

我認為，與其急著開發松果體、第三眼，不如先處理自身的問題。如果你了解內在濾鏡對於訊息接收的影響有多大，就會想盡辦法減少這些濾鏡的存在。當然，如果有音樂能幫助穩定情緒（不一定要是冥想音樂），我也會鼓勵你去聆聽。特別是如果你有心開發第三眼，處理自身問題與恐懼絕對是必要的基礎。

因為「第三眼看到」和「感覺接收訊息」是無法相比的兩件事。接收訊息錯誤，頂多讓人感到困惑，但透過第三眼看到恐懼折射出的影像，可能會讓人嚇掉半條命XD。穩定的情緒與內在，可以幫助人們更清楚接收宇宙訊息，感官也更容易得到全面開發。

問：想要了解恐鳥症。為什麼有人會害怕鳥群並覺得牠們很噁心呢？腳掌上可怕的皮膚、一根根羽毛組成的龐大翅膀、可攻擊人的鳥喙，以及呈一直線般的瞳孔……

答：

光是看你形容鳥的樣子，就能感受到你有多害怕牠們了。

我曾在以前的文章提過——任何的恐懼，特別是這一輩子找不到任何緣由的，很可能來自前世。雖然未必知道前世究竟發生了什麼，但它一定和死亡有關。這一輩子體驗到的恐懼（Phobia），大多源於某一輩子的直接死亡經歷。如果當時沒造成死亡，那麼這輩子可能頂多是不喜歡牠，或者對牠引發過敏、濕疹等反應，但不至於恐懼。

雖然恐懼與死亡的關聯不一定絕對，但有85％至90％的可能性和死亡有關。如果你非常害怕鳥類，那麼有很大的機率是你曾經在某一世被丟到荒郊野外，被禿鷹、老鷹或其他飛禽咬死。而且在那個過程中，你很可能是清醒的，因此對鳥類產生了極大的恐懼，並將它與死亡劃上等號。

問：如果要對過去這麼多年靈媒之路，或者是人生做個小總結，版主會想說什麼？

答：

我最深刻的感想就是——人生，不管有多少讓你討厭又恐懼的事，絕對不是靠逃避就可以避免的。特別是當這件事是你生命中必須面對與克服的功課時，靈魂導師一定會無所不用其極地將你推到那個懸崖邊，並強迫你面對。就好像我花了大半輩子的時間在掩飾、隱藏自己是個靈媒，到頭來還是被強迫公諸於世。無論我逃避了多久，又多麼排斥自己的能力，到最後，我還是必須學著接受自己是靈媒。

所以，如果現在的你跟二、三十幾年前的我一樣，對自己身上的不完美感到排斥，也無法接受，我給你的建議是：請鼓起勇氣，勇敢地面對自己的恐懼吧！因為逃避不會幫助你解決問題，靈魂導師一定會把你推向必須面對的斷頭台XD。更恐怖的是，祂有的是時間陪你耗。如果這一輩子不夠用，祂還會安排下一輩子來讓你完成同樣的功課。祂同時也會讓你清楚地知道，若你的人生一直無法達到理想狀態，絕對是因為你的逃避行為所造成。

我不認為自己到了可以為人生做總結的年紀，但還是一句老話：無論處在人生的哪個階段，如果清楚知道自己有任何恐懼害怕的事，就請學著鼓起勇氣克服它們吧！無論經歷了什麼，都照著自己的感覺勇敢前進。不要讓自己在不順遂的人生道路上停留太久，也不要讓它成為人生的最後一個篇章。如果能夠督促自己每一刻都過得問心無愧，並一步一步地向前，一定可以看到更好的未來。

現在的我回頭看當時，我很感謝自己沒有放棄，而是咬著牙勇敢地一步步走到今天的位置，讓我有機會感謝曾經的自己，也體驗到當初的自己完全無法想像的成果。如果真的想要對自己說些什麼，我會說：謝謝你的勇敢。

作者簡介

Ruowen Huang

心靈寫真館版主。

早期曾出版過許多言情小説，也參與過廣告、貿易、零售、資訊與多媒體等多元化行業。

現居溫哥華，擔任視覺設計師、作者、靈媒、心靈諮詢師以及講師等工作。

希望能透過靈媒的視角做全方位的分享，來幫助大家破解生命的密碼。

著作：《你，是自己的鑰匙》《愛自己，只是一個開始》《處理自己的否定句》《與自己對齊》《生命的中間是如果》《情緒，是為了讓你看見自己》（時報出版）

Facebook：www.facebook.com/ruowenh/

Website：www.ruowen.com

Youtube：www.youtube.com/user/iaminspirit

機智的靈性生活，成為想要的自己

靈媒媽媽的心靈解答書 7

作者— Ruowen Huang
設計— 張巖
副總編輯— 楊淑媚
校對— Ruowen Huang、連玉瑩、楊淑媚
行銷企劃— 謝儀方

總編輯— 梁芳春
董事長— 趙政岷
出版者— 時報文化出版企業股份有限公司
108019 台北市和平西路三段二四〇號七樓
發行專線—（02）2306—6842
讀者服務專線—0800—231—705、（02）2304—7103
讀者服務傳真—（02）2304—6858
郵撥—19344724 時報文化出版公司
信箱—10899 台北華江橋郵局第 99 信箱
時報悅讀網—http://www.readingtimes.com.tw
電子郵件信箱—yoho@readingtimes.com.tw
法律顧問— 理律法律事務所　陳長文律師、李念祖律師
印刷— 勁達印刷有限公司
初版一刷— 2025 年 4 月 18 日
初版七刷— 2025 年 8 月 21 日
定價— 新台幣 380 元

機智的靈性生活，成為想要的自己 /Ruowen Huang 作 . -- 初版 . --
臺北市：時報文化出版企業股份有限公司，2025.04 面；　公分
ISBN 978-626-419-383-2(平裝)
1.CST: 靈修 2.CST: 通靈術 3.CST: 生活指導
192.1　　114003429

時報文化出版公司成立於一九七五年，並於一九九九年股票上櫃公開發行，於二〇〇八年脫離中時集團非屬旺中，以「尊重智慧與創意的文化事業」為信念。